European Union Prize for Contemporary Architecture

Mies van der Rohe Award 2005

Premio de Arquitectura Contemporánea de la Unión Europea

With the support of the
Culture 2000 programme
of the European Union

Education and culture

Culture 2000

mies barcelona

ACTAR

Rules

The European space is composed of an emulsion of natural and cultural, vernacular and canonical, traditional and artificial elements. Modern architecture must assume this ambiguity, project it towards the future and offset the natural wear to which forms are subject by means of a symmetrical process of innovation; a process that has been presided over by works that introduced into an architectural tradition contribute a new inflection or added value that can only be qualified as 'artistic'.

The purpose of the Prize is to detect and highlight such works – of which the Mies van der Rohe Pavilion of Barcelona is a genuine symbol – whose innovative character acts as an orientation or even a manifesto. This is why the Jury will represent the institutions involved, while also reflecting the feeling and cultural intention that endow the Prize with both symbolic and pedagogic value. In doing so, the Prize focuses on the important contribution of European professionals to the development of new architectural concepts and technologies, and will provide citizens as well as public institutions with the opportunity to reach a better understanding of the cultural role of architecture in the construction of cities and communities. In this way, expression is given to the concern of the European Commission for the survival of the European city which, often walled in between the impersonal and the domestic, between the official and the suburban, must recover its own tradition through unique, exemplary works.

Furthermore, the Prize seeks to acknowledge the rich and varied panorama of architectural production in Europe and encourage professionals to work widely throughout the European Union by fostering transnational commissions. It also aspires to support emerging architects as they start out on their careers.

In 1987 the biennial Mies van der Rohe Award for European Architecture was created with these purposes in mind. The European Union Prize for Contemporary Architecture represents the transformation and continuation of the Mies van der Rohe Award with similar objectives and broader scope.

The Prize benefits from the participation of the member architectural associations of the Architects' Council of Europe (ACE) and the other European national architects' associations, as well as the recommendations of an Advisory Committee composed of some of the most prestigious European cultural entities in the field of architecture.

Nominations for works to be considered for the Prize and the Special Mention will be put forward by the ACE-member architectural associations and the other European national architects' associations, as well as by a substantial group of independent experts specialising in contemporary architecture.

For each biennial edition, the Jury will select from these nominations a single work to be awarded the European Union Prize for Contemporary Architecture and a single work by an emerging architect or team of architects, to be granted the European Union Emerging Architect Special Mention.

The works awarded the Prize and the Special Mention will reflect the definitions and objectives established in the preceding paragraphs and be distinguished by a combination of qualities such as excellence and authenticity of design; a genuine and innovative character; and high-standard and well-executed construction.

The Jury will also make a selection of exemplary works to be published and exhibited.

1. The Prize and Special Mention will be granted to the European author(s) of architectural works constructed in Europe*.

2. The contest is open to all the works completed in Europe within the two-year period before the granting ceremony of the Prize. The first prize-giving ceremony was held in 2001.

3. The Prize and Special Mention will be awarded every two years by the Member of the European Commission responsible for Education and Culture based on the decisions of a Jury composed of acknowledged specialists in the field of architecture and architectural criticism.

Subject to consultation with the Advisory Committee, the Fundació Mies van der Rohe will appoint the Jury of nine (9) members. The Jury will hold two meetings, with the second being the decisive one. The Jury's verdicts will be publicly announced by the Member of the European Commission responsible for Education and Culture.

4. The Director of the Fundació Mies van der Rohe will carry out the functions of Secretary of the Jury, but without the right to vote.

5. For the purpose of the selection of candidates, the following procedure will be followed:

5.1. The ACE-member architectural associations and the other European national architects' associations will be invited to propose works by their members built in their own countries as well as transnational commissions that comply with either of the following conditions:

5.1.1. Works by European authors from other countries built in the country of the architectural association.
5.1.2. Works by their own members constructed in other European countries.

The ACE-member architectural associations and the other European national architects' associations may submit a maximum of five (5) proposals, except for France, Germany, Italy, Spain and the United Kingdom, each of which may submit a maximum of seven (7) proposals.

5.2. The Fundació Mies van der Rohe, in consultation with the Advisory Committee, will establish a group of independent experts composed of a substantial number of prestigious European specialists, each of whom should propose a maximum of five (5) works.

In their proposals, the architectural associations and the independent experts should take into consideration works of a transnational nature and works by emerging architects.

The nominators may not propose their own works or works by the Jury.

All proposals should be accompanied by comments about the work, and if possible, by documentation.

The definitive list of candidates submitted for consideration by the Jury will consist of the combined proposals of the ACE-member architectural associations, of the other European national architects' associations and of the group of independent experts.

6. The authors of the proposed works will be asked to submit complete documentation consisting of:

6.1. Photographic copies, or good quality photocopies accompanied by a CD-ROM, of a complete set of drawings of the work and good quality photocopies of initial sketches at A4 or 18 x 24 cm.

6.2. Slides of a complete set of drawings and initial sketches of the work at 24 x 36 mm.

6.3. Colour slides at 24 x 36 mm. and colour transparencies of publication quality at 6 x 6 cm. or larger of the completed work. Both sets should include interior, exterior and detail views, but the two sets do not have to be identical.

6.4. Photographic prints in black and white or colour of the completed work at A4 or 18 x 24 cm. These copies should include interior, exterior, detail and model views, but do not have to be identical to either the aforementioned slides or transparencies.

6.5. An explanatory text.

6.6. The current curriculum vitae of the architect(s).

6.7. Four images low resolution free of copyrights for the data base.

6.8. One image high resolution free of copyrights for press diffusion.

All these documents will become the property of the Fundació Mies van der Rohe and will form part of its permanent archives. The documents related to the works awarded the Prize and Special Mention and the exemplary works selected by the Jury, will be included in the Prize publication, exhibition and data base.

7. At its first meeting, following the pertinent analysis of information submitted for each of the proposed works and the subsequent debate, the Jury will draw up a list of finalist works, one of which will be awarded the Prize. The Jury will also draw up a shortlist of works to be considered for the granting of the Special Mention. At its second meeting, the Jury will make its decisions and recommendations regarding the works to be granted the Prize and the Special Mention. Both the works to be awarded the Prize and the Special Mention will be selected by absolute majority vote of the Jury members.

8. The Prize may not be declared vacant. There will be a single, indivisible Prize and a single, indivisible Special Mention for each edition. Acceptance by the authors of the Prize and the Special Mention entails prior acceptance of the Rules.

9. The Prize and the Special Mention will be awarded by the Member of the European Commission responsible for Education and Culture in a solemn protocolary ceremony in the Mies van der Rohe Pavilion, Barcelona. The Prize will consist of the sum of 50,000 € and a sculpture evoking the Mies van der Rohe Pavilion. The Special Mention will consist of 10,000 € and a sculpture evoking the Mies van der Rohe Pavilion.

10. To ensure compliance with the general objectives of the Prize, the Jury, subject to consultation and agreement of the holding institutions, may amend these Rules if and when a situation, unforeseen in the afore-mentioned Articles, deems it necessary.

* Member states of the European Union: Austria, Belgium, Cyprus, Czech Republic, Denmark, Estonia, Finland, France, Germany, Greece, Hungary, Ireland, Italy, Latvia, Lithuania, Luxembourg, Malta, Poland, Portugal, Slovakia, Slovenia, Spain, Sweden, The Netherlands and United Kingdom; in addition to: Bulgaria, Iceland, Liechtenstein, Norway, Romania and Turkey.

Jury Proceedings

The Jury of the European Union Prize for Contemporary Architecture - Mies van der Rohe Award met on two occasions, in January and later in March. During the first meeting in Barcelona, the members made their initial selection, basing their choice on the graphic documentation and dossiers of the 242 proposals for this 2005 edition. After debate, 31 works were singled out for the initial phase (there would be 33 on completion of both phases).

A shortlist was subsequently drawn up of projects to be visited:
— the Forum 2004 Esplanade and Photo-voltaic Plant in Barcelona by José Antonio Martínez Lapeña and Elías Torres;
— the Netherlands Embassy in Berlin by Office for Metropolitan Architecture / Rem Koolhaas and Ellen van Loon;
— the Braga Municipal Stadium in Portugal by Eduardo Souto de Moura,
— Selfridges & Co Department Store in Birmingham by Future Systems / Jan Kaplicky and Amanda Levete
— 30 St Mary Axe (Swiss Re Headquarters) in London by Foster and Partners / Norman Foster.

In their final deliberations in March, the Jury weighed the different strategies pursued by the projects it had visited. The qualities of each of the buildings were subject to discussion:
— the architecturally attractive role of the Selfridges store as part of the refurbished urban core of Birmingham;
— the exceptionally high degree of sophistication and detail of the Swiss Re

tower, which stands like a lighthouse in London's City quarter;
— the potent sign-like presence of the Forum photovoltaic panel, an emblem of the upgrading of Barcelona's urban seafront at the lower end of Avinguda Diagonal;
— the impact of the Braga stadium in harmony with its surroundings;
— the unprecedented concept of 'trajectory' applied to the highly restrictive embassy programme in Berlin.

It soon became obvious that the Jury members were unanimous in their praise of two works in particular: OMA's Embassy and Souto de Moura's Stadium, two projects that reject the concept of architecture-object in favour of harmonisation with the surrounding milieu, something they both achieve extraordinarily well: the reunified city of Berlin in the first case and the hilly landscape of Braga in the second. The Jury felt that the latter project presented a sculptural alternative to the usual spectacle of such buildings, and offered spectacular spaces sheltered underneath its simple forms. The places where the rocks and the structure met were deemed especially memorable.

Having stressed the excellence of Souto de Moura's work in Braga, the Jury declared the Netherlands Embassy in Berlin by OMA (Rem Koolhaas and Ellen van Loon) winner of the Mies van der Rohe Award for the quality of the urban reflection and intelligence of the concept implemented. The Jury felt that the Embassy was a powerful reconceptualisation of the notion of an embassy, a government agency, and a building block within a city. OMA's refusal to either adapt to the city grid or create a monument, choosing instead to create a carefully formed fragment that leaves open the question of what the identity of a government or a country should be, was much appreciated. It was also felt that the spiralling 'trajectory' that winds its metal-clad way through the whole block while allowing carefully framed views of the neighbouring city, produced such a seductive series of spaces carried out with such a sophistication of materials and visual effects and so revealing of its context, that it should receive the 2005 Mies van der Rohe Award.

For the Emerging Architect Special Mention, the Jury selected NL Architects' BasketBar for the Utrecht University campus, the Netherlands, part of a plan for the site by OMA. The Jury believes that NL Architects has shown its ability to create innovative and visually startling structures, and that this small building shows that they have disciplined their abilities to such an extent that they promise to make a significant contribution to the future of European architecture.

In the wake of the reunification the German government decided to relocate the capital to Berlin 'Mitte' (Centre). The Netherlands, having sold their former embassy site after the war, was free to choose anew and preferred Roland Ufer in Mitte, the oldest Berlin settlement, next to the (new) government district of their main trade partner. The client demanded a solitary building integrating requirements of conventional civil service security with Dutch openess. Traditional (former West Berlin) city planning guidelines demanded the new building to complete the city block in 19th century fashion. The (former East Berlin) city planning officials had an open mind towards our proposal for a freestanding cube on a – block completing – podium. Since we now were in charge of the design of the entire site we could further explore a combination of obedience (fulfilling the block's perimeter) and disobedience (building a solitary cube). A continuous trajectory reaching all eight stories of the embassy shapes the building's internal communication.
The workspaces are the 'leftover areas' after the trajectory was 'carved' out of the cube and are situated along the façade.
Reception spaces are activated inside the cube. Other semi-public spaces are located closer to the façade and at one point cantilever out over the drop-off area. From the entry the trajectory leads on via the library, meeting rooms, fitness area and restaurant to the roof terrace.
The trajectory exploits the relationship with the context: the River Spree, 'Fernsehturm' (television tower), park and wall of embassy residences. Part of it is a 'diagonal void' through the building that allows one to see the TV tower from the park. The (slightly over pressurised) trajectory works as a main airduct from which fresh air percolates to the offices to be drawn off via the double (plenum) façade. This ventilation concept is part of a strategy to integrate more functions into one element.
This integration strategy is also used for the structural concept. The internal walls adjacent to the trajectory are load-bearing beams that cross over each other enough to bring loads down. Hereby big open spaces are created on the lower floors of the building. Load-bearing glass mullions, allowed to fall out in case of a fire while still leaving the superstructure intact, support the floor slabs where the trajectory meets the façade.
The access road between 'cube' and 'residential wall' acts as courtyard open to one side to allow a panoramic view over the Spree and the park. In order to emphasise the difference with the surrounding buildings which are clad with stone, the socle and the wall with the residences are clad with aluminium.

Netherlands Embassy Berlin Berlin, Germany
Office for Metropolitan Architecture
Rem Koolhaas, Ellen van Loon

Credits Client: Netherlands Ministry of Foreign Affairs - Dienst Gebouwen Buitenland, The Hague. Principal: Rem Koolhaas. Project directors: Ellen van Loon, Erik Schotte. Project architect: Michelle Howard, Gro Bonesmo. Team: Beth Margulis, Anu Leinonen, Daan Oievaar, Robert Choeff, Christian Muller, Adrianne Fisher, Oliver Schütte, Fernando Romero Havaux, Matthias Hollwich, Katrin Thornhauer, Barbara Wolff, Bruce Fisher, Anne Filson, Udo Garritzman, Jenny Jones, Mette Bos, Adam Kuhrdahl, Stan Aarts, Julien De Smedt, Annick Hess, Rombout Loman, Antti Lassila, Thomas Kolbasenko, Moritz von Voss, Paolo Costa, Carolus Traenkner, Susanne Manthey, Christiane Sauer, Tammo Prinz, Nils Lindhorst, Felix Thoma, Shadi Rahbaran. Research: Bill Price, Marc Guinand. Structure: Royal Haskoning / Arup Berlin. Services: Huygen Elwako / Arup Berlin. Project management: Royal Haskoning. Fire: Hosser Hass + Partner, Berlin. Lighting: OVI, Washington DC, Berlin. Curtains: Inside-Outside.

1975 Office for Metropolitan
Architecture (OMA) established
in London
Since 1978 in Rotterdam

Rem Koolhaas
1944 Born in Rotterdam
1972 Degree in Architecture,
Architectural Association,
London, (AA)
1975 Visiting Fellow, Institute
for Architecture and Urban
Studies, New York
1976 Visiting Professor, AA.
Since 1995 Professor of
Architecture and Urban Design,
Harvard University, Cambridge,
Massachusetts

Ellen van Loon
1963 Born in Rotterdam
1991 Degree in Architecture,
Technische Universiteit, Delft

Major Competitions /
Principales concursos
1989 1st Prize: ZKM, Karlsruhe,
Germany
1992 1st Prize: Bibliotheques
Jussieu, Paris
2001 1st Prize: LACMA
Los Angeles County Museum
of Art, Los Angeles, California
2001 1st Prize Cordoba Congres
Centrum, Cordoba, Spain
2001 1st Prize CCTV Television Station and Headquarters,
Beijing, China

2003 1st Prize: Beijing Books
Building, Beijing

Awards and Distinctions /
Premios y distinciones
1992 Antonio Gaudi Prize:
Euralille Masterplan, Lille, France
2000 Pritzker Prize
2001 Legion d'Honneur
2003 Praemium Imperiale, Japan
2004 RIBA Gold Medal.
2005 AIA Honor Award:
Seattle Public Library

Major Works / Principales obras
1987 Netherlands Dance
Theatre, The Hague
1992 Kunsthal, Rotterdam
1997 Educatorium, Utrecht

1998 Maison à Bordeaux, France
(with Maarten van Severen)
2001 Prada Epicenter, New York
2003 Illinois Institute of
Technology Campus Center,
Chicago, Illinois
2003 Netherlands Embassy,
Berlin
2004 Seattle Central Library,
Seattle, Washington
2004 Prada Epicenter,
Los Angeles, California
2004 Samsung Museum of Art
(Leeum), Seoul, Korea
2004 Souterrain Tramway
Tunnel, The Hague
2005 Casa da Musica, Oporto
2005 Seoul National University
Museum, Korea

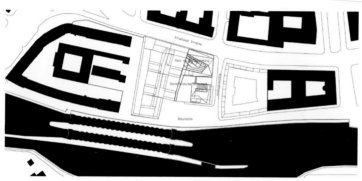

SITE PLAN

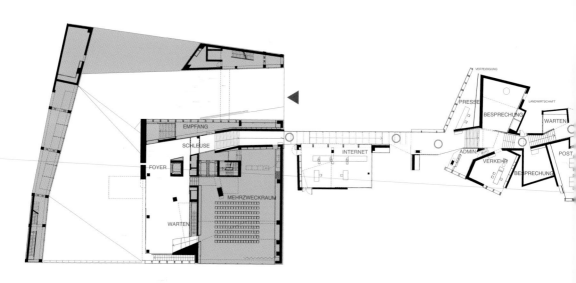

TRAJECTORY PLAN

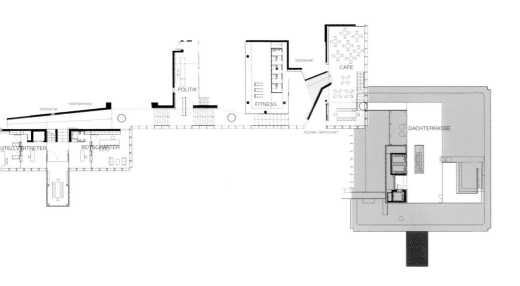

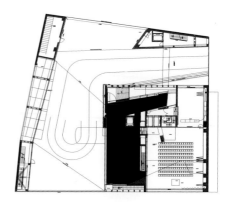
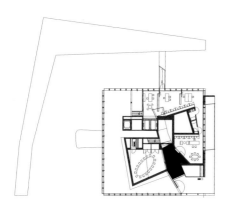
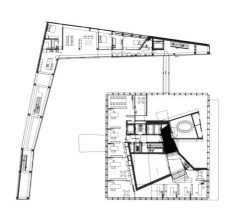
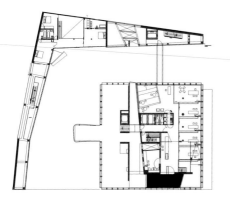
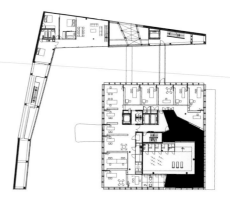

PLANS

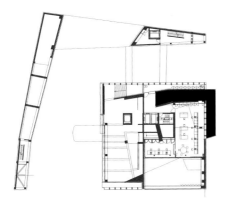
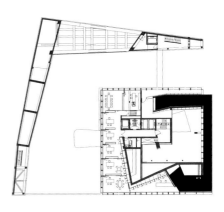
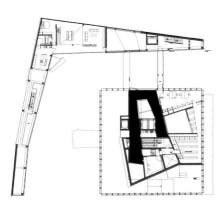
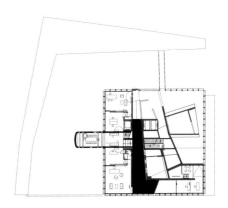
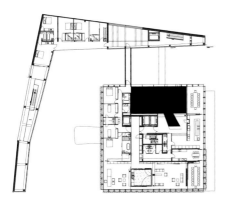
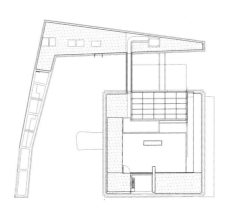

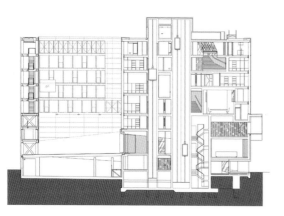
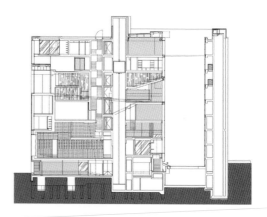
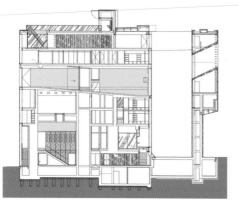
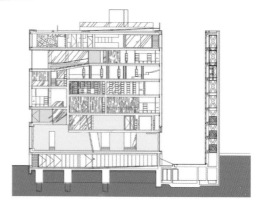

SECTIONS

Embajada de los Países Bajos Berlín, Alemania
Office for Metropolitan Architecture / Rem Koolhaas, Ellen van Loon

Tras la reunificación, el Gobierno alemán decidió trasladar
la capital a Berlín 'Mitte' (centro). Los Países Bajos,
que habían vendido los terrenos de la antigua embajada
una vez acabada la guerra, podían escoger un nuevo emplazamiento y prefirieron Roland Ufer, en Mitte, el asenta-
miento más antiguo de Berlín, cercano al (nuevo) distrito
gubernamental de su principal socio comercial.
El cliente pidió un edificio solitario que integrara los
requisitos propios de la seguridad civil convencional con
la característica transparencia holandesa. Las directrices
marcadas por el urbanismo tradicional (de la antigua Berlín
Occidental) exigían que el nuevo edificio completara
el bloque de viviendas siguiendo el estilo decimonónico.
Los responsables de urbanismo (de la antigua Berlín
Oriental) se mostraron abiertos a nuestra propuesta:
un cubo autónomo sobre un podio que completaba el bloque.
Desde el momento en que nos hicimos cargo del diseño del
emplazamiento, pudimos explorar más a fondo una combinación de obediencia (haciendo realidad el perímetro del
bloque) y desobediencia (construyendo un cubo solitario).
Una trayectoria continua que abarca las ocho plantas de
la embajada da forma a la comunicación interna del edificio.
Los espacios de trabajo son las 'áreas sobrantes' que
quedan una vez se ha 'extraído' del cubo la trayectoria,
y se extienden a lo largo de la fachada.
Los espacios de recepción han sido activados dentro
del cubo. Otros espacios semipúblicos están ubicados más
cerca de la fachada y, en un punto determinado, sobresalen
en voladizo hasta quedar por encima del área de descarga.
Desde la entrada, y a través de la biblioteca, las salas de

reunión, el área de *fitness* y el restaurante, la trayectoria
conduce hasta la terraza del edificio.
La trayectoria explota la relación con el contexto:
el río Spree, la *Fernsehturm* (torre de televisión), el parque
y el muro que contiene las residencias de la embajada.
Forma parte del conjunto el 'vacío en diagonal' que atraviesa
el edificio y que permite ver la torre de televisión desde
el parque. La trayectoria, ligeramente en sobrepresión,
funciona como conducto de aire principal a través del cual
se filtra el aire fresco a las oficinas; desde aquí,
a su vez, se extrae posteriormente mediante la doble
cámara distribuidora de aire que hay en la fachada.
Este concepto de ventilación forma parte de una estrategia
destinada a integrar varias funciones en un solo elemento.
También se utiliza esta estrategia de integración para
el concepto estructural. Los muros interiores adyacentes
a la trayectoria están formados por vigas de carga que
se entrecruzan continuamente y que, de esta forma,
permiten reducir las cargas. Eso genera grandes espacios
abiertos en las plantas inferiores del edificio. En el punto
donde la trayectoria se encuentra con la fachada, las losas
del suelo descansan sobre parteluces de carga hechos
de vidrio, que pueden caer en caso de incendio dejando
la superestructura intacta.
El camino de acceso entre el 'cubo' y el 'muro residencial'
funciona como un patio abierto por un lado con una vista
panorámica sobre el río Spree y el parque. Se ha querido
realzar la diferencia con los edificios del entorno,
que están revestidos de piedra, revistiendo de aluminio
el zócalo y el muro de las residencias.

The Netherlands Embassy in Berlin by OMA / Rem Koolhaas, Ellen van Loon
Mohsen Mostafavi

"The project carves the single structure implied by Berlin's regulations in two parts: a wall and cube. The carving continues inside the building, creating an erratic path from bottom to top, surrounded by regular office accommodation.
The trajectory captures salient elements of Berlin's architecture outside – 19th century, Nazi, Communist."

From *Content* by Rem Koolhaas

Koolhaas specialises in making the unexpected seem obvious. The Dutch Embassy in Berlin is no exception to the rule. Building in a place where the concept of urban development is dominated by the notion of the city block as an opaque mass, he presumably felt compelled to subvert that model: blindly following the regulations was not an option. But of more relevance – the key to the success of the project – is what he and his team at OMA achieve architecturally, spatially, urbanistically, and programmatically. The solution deviates from the rules and yet works so well – it fits the site like a glove.

Precedent I

Many of Le Corbusiers' projects, including early houses such as the Maison La Roche in Paris or the Villa Savoye at Poissy, or even later schemes such as the Carpenter Center in Cambridge, Massachusetts, provide interesting parallels with Koolhaas's architecture. These projects are not so much visual models as they are inspirational catalysts, performative palimpsests. In Maison La Roche the vertical movement from space to space acts as a mechanism for unfolding the tiny house, cutting it open to the naked eye. It is also this unfolding which constructs the architecture. In a similar yet distinct manner at Poissy, you ascend through the house until you finally come to the roof and rediscover an open landscape where the view of the distant horizon is literally framed as if it were a picture, an artifice. At the Carpenter Center at Harvard University, a ramp leads from the old campus towards what was supposed to become the future area of development, in the process cutting through the building – a public gesture both of passage and of viewing. It is debatable whether such gestures are always as interesting for the person who is doing the viewing from the outside as they are for those on the inside who are being watched. There are indeed some aspects of Jeremy Bentham's infamous Panopticon at play here – albeit on a more modest scale and without the connotations of discipline.

In his ground-breaking Kunsthal in Rotterdam, Koolhaas used a similar palette of operations, such as the cut through the building or later, and more systematically, the idea of fusing ramp and floor in the manner of Parent and Virilio's oblique surfaces. But unlike a generation of contemporary architects whose references to the modernist tradition have tended towards the literal, Koolhaas's use of precedent has been elliptical and therefore more innovative. You can understand the connections with an earlier precedent, but not see a one-to-one correspondence; and this from an architect who has sung the virtues of copying.

The Embassy
One of the key design elements of the new Embassy is the 'trajectory', the unfolding of the vertical circulation path through the building. The trajectory begins at the Embassy's entrance on Klosterstrasse, then carves its way through the main building site, creating an ascending external pathway, before entering the cubic structure of the Embassy, where it passes along many of the usual daily functions of the building, as well as some unexpected ones, such as a fitness centre. At times it puts the adjacent spaces on display, behind glass walls. At times it passes along the building edge, exposing the skyline of the city.
In parts the floor is made of green glass, making you aware of the view below. The effect is slightly unnerving and voyeuristic but more importantly it gives you a sense of your position within a sectional three-dimensional scan of the building, the connection between the body and the building becoming completely denaturalised.

The effect of this experience is similarly registered on the outside of the building, where it also produces a sectional façade. The endpoint of the trajectory is a café and a meeting room at the top of the building. Here the ceiling mechanically slides open to reveal the sky. Throughout its journey the trajectory exposes the operations of the Embassy, a building type normally shrouded in secrecy. The idea that not everything need happen behind closed doors removes at least one of the veils of officialdom. At the same time it can be argued that the quality of the spaces – the shape and location of the offices, the presence of the café, the views – has a direct effect on the way people work within the building. These material conditions construct a particular mood which in turn comes to stand for the great Dutch tradition of humanism. The Dutch, with their mercantile and pragmatic heritage, are clever enough to know that this is not a bad message to convey to the outside world. In fact, it is hard to imagine any other nation that would be prepared to resist the often justifiable paranoia about security by making such a metaphorically and physically transparent building. It is also from this contemporary Dutch perspective that the trajectory views the city of Berlin and its memories.

"The beauty of Berlin, its opacity, complexity, its heaviness, the richness of its ghosts. The abundance of good intentions that somehow went wrong. The pressure of shame imposed by more and more monuments. The obligation to remember, combined with the surprising amnesia (where did the wall go?). How far it is removed from everything. How refreshingly German it remains. Its grey. Its stubbornness. Its lack of doubt. The meticulous mediocrity of its new substance. How old what was modern looks. How fresh what is ancient. How good what was Communist. How Chinese what is new."
From *Content* by Rem Koolhaas

For Koolhaas the Dutch Embassy building is also a radical critique of the kind of false history that has been the intellectual armour of a core group of architects in Berlin. Clearly the conceptual project of a physically continuous urban fabric is disrupted by the fact that the building is raised on its glass base and does not fill the whole site. But it is the very dissonance of the various elements of the building that produces its dynamic urban presence. Besides a small park along the River Spree, these elements include the wall building of the Embassy staff residences. The structure is in part a buffer set against the adjacent buildings and in part a perforated metal screen. The apartment of the Deputy Ambassador is accessed along a long corridor. Its living room is double aspect, but on the side facing the Spree the view is partially interrupted by the cantilevered sky-box that protrudes from the same floor in the Embassy where the Ambassador and his Deputy have their offices. This sky-box is the place for special meetings, a viewing room suspended in midair. The amalgam of this inhabited wall with the carved open space of the trajectory on the outside, the cube of the Embassy building, and the park together make up the totality of the project.

The juxtaposition and the careful placement of these fragments create an overall coherence that is nevertheless subject to constant change, in terms of the relationships of spaces as well as the resulting views. These relationships are further enhanced by the choice and the proximity of different materials – glass, perforated metal, mirror, steel, wood, stone – and by the textures and colours of surfaces. The overall effect is one of lightness, of airiness, giving the building a fundamentally anti-monumental character. It is a quality that is almost ornamental in the richness and tonality of its palette.

Precedent II
Since the time of the International Building Exhibition (IBA) in the 80s, Berlin has been the subject of numerous discussions regarding its role as a European city and the means by which it should recuperate the destruction inflicted on it not just by World War II but by modern architecture, and more specifically by the large residential projects of the 50s and the 60s. Against this background some Berlin architects have come to argue, often with justification, against modern architecture's capacity for urban reconstruction (they include Hans Kollhoff, who ironically shares with Koolhaas the intellectual experience of having studied with O.M. Ungers at Cornell). The policy of the city has been to achieve urban reconstruction by connecting the new development with the historic core of the city, in the process creating as much continuity and homogeneity as possible.

In this context the historic city, as the original source of reference, has come to dominate the discussion among both politicians and architects. The outcome has been a more singular architecture. Again one of the key (and in fact legitimate) arguments of this conservative position has been to support and promote the notion of anonymous architecture as the core material artefact of the city. But in reality, architects like Kollhoff are not anonymous architects and they certainly don't want to produce anonymous architecture. What they end up doing, perhaps inadvertently, is giving anonymity a dominance that it never had in the historic city. Anonymous architecture was and it still is the backdrop for the daily events of the city but it has now moved into the foreground of visibility. A new form of monumentality is masquerading as the anonymous and the everyday.

This position bears resemblance to the critique of the Modern Movement after World War II and the search for a new monumentality that would overcome the limitations of the private residential architecture of the Modern Movement. In Berlin, however, the new monumentality of the city's reconstruction projects is too burdened by the fact that it emphasises the representational qualities of public architecture rather than the creation of a setting for public engagement. That is why the transformative, dynamic, and temporal qualities of OMA's Embassy building suggest a more productive understanding of precedent as a tool for the imagination, as well as an optimism about the possibilities of a genuinely modern, projective, and forward-looking architecture of the city. It was in recognition of these achievements that we, the members of the Jury, chose to award it the Mies van der Rohe Prize.

Citizen K   Francis Rambert

Anti-globalisation is under way. Indeed, everything suggests that despite ready-made models and solutions, trivialised real estate and other *passe-partout* constructions, architecture worthy of the name is still possible. Defeatism is therefore out of place in the presence of exceptional projects that see the light of day in different, highly stimulating visible contexts.

There is no fatalism, therefore. Cities are not inevitably doomed to resemble each other. For the contemporary city knows how to generate its specific qualities, its exceptions. The city is a source of wealth far more secure than petroleum, which is on the brink of exhaustion. Inexhaustible matter, the city is certified renewable energy. Evidence of this are the entries for the latest edition of the European Union Prize for Contemporary Architecture - Mies van der Rohe Award. The grand finale presents an unexpected 'B to B'; that is, a confrontation between Braga, the small Portuguese city, and Berlin, the great reunified capital. Two different scenes though two scenarios for an award that this year might be subtitled *A Tale of Two Cities*.

After the fashion of Charles Dickens, who in his day brought together two 18th century lifestyles, in London and in Paris, the authors of the two entries that eventually contended for the prize – Eduardo Souto de Moura and his stadium in Braga; OMA / Rem Koolhaas, Ellen van Loon and their Netherlands Embassy in Berlin – plunge us into the diversity of situations that characterise the contemporary city. There are a thousand and one ways to innovate in a project: technically by inventing and incorporating one's inventions into the project, as we know; sociologically by anticipating fashions, as we have verified. But above all culturally. For it is in the field of culture that architecture acquires its full meaning. Both Souto de Moura and Koolhaas provide evidence of this.

This finale is highly emblematic of the current architectural debate, in which the immanence of architecture intersects with the intelligence of the project. This is a face-to-face between the sculptural, expressive work and the work that emerges from an idea; beyond idiomatic differences, in both cases the mastery is exceptional. Diametrically opposite at first sight, the two projects nonetheless share numerous common values.

They both compose their surrounding landscape, framing views: one over games, the other over the city. Both projects share a dynamic of action, in direct connection with life (sportive or administrative), and invariably with the city. It is astonishing to note how both projects are at once open and closed. The stadium by virtue of the vis-à-vis that refuses to obstruct the view over the landscape; the embassy that stays on its guard, taking views from all sides. Both are bearers of a concept: the embassy, anti-bunker; the stadium, anti-soup tureen.

This new approach to the programme is accompanied by an ethical stance in the case of Souto de Moura, who makes a clear stand by refusing to locate the stadium on the appointed site so that he might better formulate a counter-proposition that conceives the architecture not as a barrage but in a relationship with the surrounding topography and hydrology. He thereby regards the stadium as the founding act of the development of the city to come. The stance is equally strategic in the case of Rem Koolhaas, who reworks the site, plays with the severity of the building regulations and creates a universe that, exposed like a tiny morsel of the Netherlands, contributes to the regeneration of the German capital.

If Souto de Moura magnificently sculpts the exterior of his building, erecting rigid wall faces, Koolhaas sculpts the interior; he hollows out the cube of the Embassy to create its 'trajectory'. Whereas Souto de Moura revisits the Piranesian space by creating a stunning insertion between the concrete and the rock, Koolhaas develops his 'trajectory' within a complex geometry, a complexity that derives its strength from the compact nature of the building. While one magnifies structure, the other strives to demonstrate that space guides structure, not vice-versa.

Both, however, also derive their strength from what already exists: the matter from the quarry in Braga; the sedimented matter of the city in Berlin. Koolhaas takes his stand in the midst of buildings that mark the history of the city: to the right, a Nazi building; behind, the great, very 'eastern country' television tower.

Both set up an interesting interior-exterior relationship. The opposite to introverted – nay autistic – buildings, these two works are in a form of apportionment: in the case of the stadium it is emotion that is to be shared, *spectacle oblige*; in the case of the Embassy, it is the city that is to be consumed. Between the pleasure of sport and the pleasure of urbaneness, these buildings no not shrink from taking pleasure in a morsel of bravery. In an exquisitely subtle reference to Álvaro Siza, Souto de Moura hangs his two concrete awnings 40 metres above the lawn. In a 'super-Dutch' tradition, Koolhaas stretches his cantilever above the inner courtyard. These two gestures have nothing gratuitous about them, each one in its own way responds to the question of usage. Sheltering the spectators in Braga; transforming users into spectators in Berlin. This suspended box creates an inside-outside appreciable by people who scarcely have time to lunch in the city.

The previous edition to this one had marked a turning-point in the history of the prize. Its having been awarded to Zaha Hadid's Car Park and Terminus Hoenheim North in Strasbourg, a project both sculptural and dynamic that combines ground and structure at the borderline between the city and the country, heralded the way future trends would evolve.

In the context of this logic OMA, who have been working for a long time on the dynamics of space (from the library project for Jussieu to the IIT building in Chicago), began with a head start. For Berlin, Koolhaas has developed an entire scenario. His building creates multiple plane-sequences. His spaces are cinematographic, they lend themselves to travelling. In the same way that certain films are said to be 'road movies', so the Embassy is every bit a 'building movie'. Movement lies at the core of spatial reflection; it is the kind of place where no one wants to take the elevator any more, preferring to let themselves be guided by the building's itineraries. The film is in full colour and the dialogue, conceived with Ellen van Loon, is particularly well written. In his own way, Citizen K declares "*ich bin ein Berliner*".

CAMPUS CITY The campus of the University of Utrecht is developing from a mono-functional non-place into something that might be called a 'city': a rich amalgam of urban 'programmes' and functions. The urban plan by OMA consists of a compact clustering of University related buildings: intensifying specific areas into a more urban condition and at the same time reinforcing the intrinsic qualities of the existing landscape.

ISLANDS IN THE STREAM The tool used to prevent the scattering of urban stuff over the entire area - to enhance 'city' and 'landscape' at the same time - is the strong site boundary that is based on the existing buildings. All new substance should develop within these perimeters.

IT'S A BAR Since restrictions for housing on the campus recently were abolished and student apartments became imaginable here, nightlife became an issue as well: a local bar was needed. The bar should serve as the informal centre of the campus; a relaxed meeting place for professors, researchers and students. The crossing of Heidelberglaan (the main access road to the campus) and Genevelaan seemed to be the best site for this enterprise given that it is close to relatively public buildings like the Educatorium and the new Library, and right under the Van Unnik building, the 80 metres high massif that serves as a 'logo' for the University.

JACK BLOCK The Van Unnik building is constructed with the so-called Jack Block System: a surreal construction method that starts building the top floor on ground level, then jacking it up to construct the next floor, again on the zero level. The last act is lifting all 21 stories to construct the first floor: a bizarre gravity-defying operation that sends Baron von Münchhausen back to college.

WELCOME A 15 x 15 metre extension of the existing bookstore, the oversized roof of the new bar prolongs the remarkable flatness of the bookstore. The complex looks 'crushed' by the Van Unnik building. Since the floor height of the existing shop is not appropriate for a *grand café* the bar is sunken into the ground: you enter on top of the counter and walk in over the bar. The lowered position allows for a new perspective on the public square. Like the American Bar by Adolf Loos it attempts to combine intimacy with an extensive view.

POOL The 'orange pool' brings together a sunken terrace, a mini amphitheatre and access for the disabled: a cool mixture of people hanging out with drinks, skaters and people in wheelchairs.

BASKETBAR The XL roof of the bar provides the perfect location for a basketball court. The 'publicity' of its position creates the ultimate platform for the display of superior skill: show off, shoot hoops. Since the structure is so flat there's still a direct relation to the ground. From the elevated walkway system that connects most buildings on the campus, the new ground level looks 'natural'. The middle circle of the court is made out of glass, establishing a visual relation between Basket and Bar.

BasketBar Utrecht, The Netherlands
NL Architects / Pieter Bannenberg, Walter van Dijk, Kamiel Klaasse, Mark Linnemann

Credits Client: Universiteit Utrecht Huisvesting, Aryan Sikkema. Collaborators: Caro Baumann, Sybren Hoek, Kirsten Huesig, Nataly Lavi, Friso Leeflang, Jennifer Petersen, Misa Shibukawa, Rolf Touzimsky, Richard Woditsch. Contractor / Construction company: Van den Hengel. Mechanical engineers / Building technology: Ingenieursburo Linssen. Installations / Building technology: Van Losser. Interiors: De Drie Musketiers (café); Henry Betting (bookshop). Landscape architect: NL Architects with West 8. Project management: Berenschot Osborne. Structural engineering: ABT Velp: Rob Nijsse.

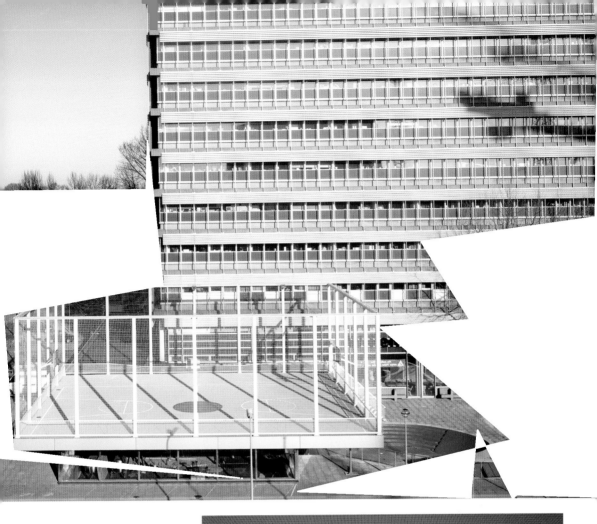

1997 Office of NL Architects
established in Amsterdam

Pieter Bannenberg
1959 Born in Amsterdam
1995 Master of Science,
Technische Universiteit (TU),
Delft

Walter van Dijk
1962 Born in Amsterdam
1991 Master of Science, TU, Delft

Kamiel Klaasse
1967 Born in Eemnes
1995 Master of Science, TU, Delft

Mark Linnemann
1962 Born in Amsterdam
1991 Master of Science, TU, Delft
2003 Established own office in
Amsterdam

Academic Activities /
Actividades Académicas
The members of NL Architects are
involved in academic activities
at diverse institutions includ-
ing: TUs Delft and Eindhoven;
Academies van Bouwkunst Rot-
terdam and Amsterdam; Berlage
Institute, Rotterdam; TU Wien;
Bartlett School of Architecture
and AA, London; ETH Zurich; Sci-
Arch, Los Angeles; KNUA, Seoul

Major Competitions /
Principales concursos
1996 1st Prize: Europan IV,
The Hague
2004 'Ankauf', Lyngby,
Housing Competition, Denmark
(in collaboration with
Klar Architects)

2004 1st Prize: Sport Paleis,
Multilevel Sports Building in the
so-called Leerpark, Dordrecht
2004 1st Prize: COO, Centre
for Orientation and Education,
Leerpark
2004 1st Prize, Invited competition: 52 Apartments 'Prisma',
Groningen

Awards and Distinctions /
Premios y distinciones
1996 Archiprix, 3rd Prize:
Parkhouse/Carstadt
1999 Design Prize Rotterdam:
WOS 8
2002 Öko Designpreis der Stadt
München: WOS 8
2002 NAi Prize, Nomination:
Mandarina Duck Flagship Store
2003 Rietveld Prize: BasketBar
2004 AM NAi Prize: BasketBar

Major Works / Principales obras
1995 Parkhouse/Carstadt,
Amsterdam
1998 WOS 8, Heat Transfer
Station, Utrecht
1999 Funen Blok K, 10 Dwellings,
Amsterdam (start construction
2005)
2000 Mandarina Duck Flagship
Store, Paris
2003 Interpolis, Conference-
lunchloungelobby for Interpolis,
't Laar, Tilburg, The Netherlands

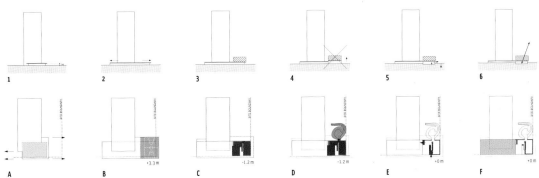

DIAGRAMS

1 H = 2.60 m , the existing bookstore with a flat roof: it's beautiful   **2** H = 2.60 m , the new cafe + bookstore extension: more flat = more beautiful   **3** H = 2.60 m , the roof becomes big enough to fit a basket court on top   **4** H = 3.80 m , the cafe needs sufficient clearance to become 'grand', but a broken roof frustrates elegant flatness   **5** H = 3.80 m , the roof remains flat.
The bar floor sinks in the ground: intimacy combined with an extensive view. The dept of the sunken cafe equals the height of a regular bar: you enter on top of the counter. Bar = Catwalk!
6 H = 3.80 m , the transparent middle circle provides a visual connection between basket and bar and allows natural light to penetrate into the heart of the cafe

A Existing bookstore   **B** Basketball court   **C** 255 m² Sunken cafe: the conversation pit   **D** Sunken terrace + entrance for the disabled on the same level with cafe   **E** The catwalk: entrance on top of the bar + connection to the book store + new store   **F** Bar Bep bar (who's behind the bar ?) + 60 m² bar enveloping the cafe + new book store

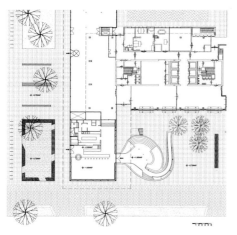

SITE PLAN

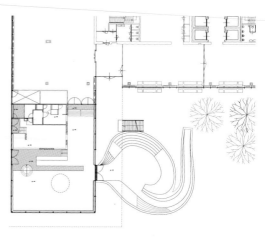

GROUND FLOOR PLAN

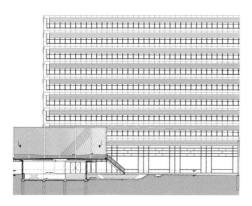

SECTIONS

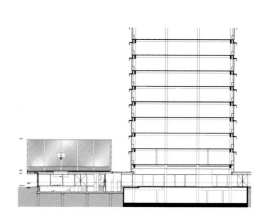

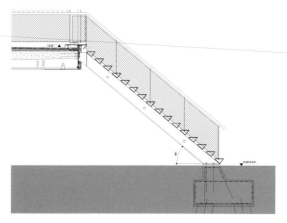

STAIRS DETAIL

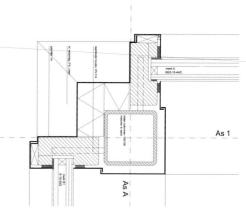

CORNER DETAIL

BasketBar Utrecht, Países Bajos
NL Architects / Pieter Bannenberg, Walter van Dijk, Kamiel Klaasse, Mark Linnemann

CIUDAD CAMPUS El campus de la Universidad de Utrecht se está transformando, del no-lugar monofuncional que era ha pasado a ser lo que podría definirse como una 'ciudad': una rica amalgama de 'programas' y funciones urbanas. El plan urbanístico diseñado por OMA consta de una agrupación compacta de edificios pertenecientes a la Universidad: se ha intensificado la condición urbana de algunas áreas concretas y, al mismo tiempo, se han reforzado las cualidades intrínsecas del paisaje existente.

ISLAS SOBRE EL ARROYO La herramienta que se ha utilizado para evitar la dispersión de materia urbana sobre todo el área —y con el objetivo de resaltar la 'ciudad' y el 'paisaje' al mismo tiempo— es la sólida frontera del emplazamiento, que viene dada por los edificios ya existentes.
Toda sustancia nueva habrá que desarrollarla dentro de este perímetro.

ES UN BAR Desde que hace poco se suprimieron las restricciones que impedían la presencia de viviendas en el campus y los pisos de estudiantes empezaron a ser algo imaginable en él, la vida nocturna también se ha convertido en un tema central: hacía falta un bar. El bar se ha pensado como centro informal del campus: un lugar de relax para profesores, investigadores y estudiantes. El cruce de Heidelberglaan (la calle principal de acceso al campus) y Genevelaan reunía las características necesarias para tal empresa, ya que es cercano a edificios relativamente públicos como el Educatorium y la nueva biblioteca, y justo debajo del edificio *Van Unnik*, el macizo de 80 metros de altura que hace de 'logo' de la universidad.

SISTEMA DE CONSTRUCCIÓN El edificio *Van Unnik* se ha levantado con el sistema 'Jack Block': un método constructivo surrealista según el cual se empieza el edificio por el último piso, en la planta baja, y posterior-mente va subiéndose para construir el piso siguiente, de nuevo en el nivel cero. El último paso consiste en alzar las 21 plantas para construir el primer piso: una extraña operación que desafía la gravedad y que deja al barón de Münchhausen a la altura de un escolar.

ENTRADA Resultado de la ampliación de la librería actual, con 15 x 15 metros añadidos, el tejado descomunal del nuevo bar prolonga el acusado carácter llano de la librería. El complejo parece 'triturado' por el edificio *Van Unnik*. Por otra parte, el hecho de que la altura de la tienda existente no sea la adecuada para albergar un *grand café* ha llevado a hundir el bar por debajo del nivel del suelo: se entra en él a la altura de la barra y, así, se accede al espacio del bar. La posición, desde un nivel inferior, permite obtener una nueva perspectiva de la plaza pública. Como el American Bar de Adolf Loos, se ha intentado combinar en él intimidad y amplias vistas.

PISCINA La 'piscina naranja' pone en conexión la terraza hundida, un minianfiteatro y un acceso para discapacitados: una fresca mezcla de gente con bebidas, *skaters* y personas en silla de ruedas.

BASKETBAR La cubierta XL (extragrande) del bar se convierte en el emplazamiento perfecto de una pista de baloncesto. El carácter 'publicitario' de su posición crea la plataforma perfecta para la exposición de las mejores habilidades: lucirse, lanzar a canasta. El acusado carácter llano de la estructura permite que se conserve todavía la relación directa con el suelo. Visto desde el paseo elevado que conecta la mayoría de edificios al campus, el nuevo nivel del suelo parece 'natural'. Por último, el círculo situado en medio del patio está hecho de vidrio, con lo que se establece una relación visual entre la pista y el bar: Basket y Bar.

Pandora's Box   Aaron Betsky

The difference between a good building and great architecture lies in the reinvention of the building type through the architectural imagination. Whereas architectural education and practice has reached a point where, at least in large parts of Europe, those buildings that are in the public realm, have generous private commissioners, or otherwise have the physical and financial room to be more than just answers to functional needs and local restrictions, are in general quite good as buildings, there are few truly great pieces of architecture in the same area. The truly good buildings tend to follow certain styles or methods of approach, and the better ones do so with great verve and conviction, creating forms and spaces that are functional, pleasing to the eye and sometimes even exhilarating. Then there are those buildings that are unexpected, those buildings that change our perception of the institution or activity they house, or that merely make us understand that a building can be something different than what we expected. It is those structures that were the finalists for the European Union Prize for Contemporary Architecture - Mies van der Rohe Award 2005.

The refinement of the box would seem to be the method by which most European architects pursue their craft. The notion that it is the façade that is the site for carrying meaning is by now only held by those few who claim to pursue a traditionalist architecture, while the classicists among these seek for meaning within the panoply of elements that tradition has handed down to us. Though we as a Jury did not form an opinion one way or the other about the relevance of such approaches, we certainly did not see anything in the submissions that accomplished their goals with a degree of competence or resolution we felt was worth consideration.

Nor did we find many designs in which the expression of building structure alone led to the production of a spatially or visually interesting design. Innovative use of building materials such as cladding or constructional elements did not seem to produce spaces that justified their departure from the normal way of making buildings. Finally, the production of buildings straight out of computer programmes – the use of software to propose forms whose fluidity could escape from the constraints of the isolated building, and which until recently could not have been constructed – also did not seem to figure strongly in the selection with which we were presented, though some of the designs we selected did use these programmes as part of an overall design strategy.

Instead, it was the manipulation of the most elemental form of the singular architectural object that confronted us again and again with the well-resolved, well-composed and well-organised designs. A century after Frank Lloyd Wright expressed his desire to 'break out of the box' and a good generation since mainly French theorists made us realize that the singularity of such structures was founded on an ideologically informed illusion, we are right back to the making of beautiful and mostly orthogonal containers. Does this indicate a failure of the discipline of architecture to answer to changing definitions of the architectural object? Does the Mies van der Rohe Award programme award the conservative designs, if for no other reason that only such structures are the only ones that are constructed at any scale and with enough care as to merit attention? Or is it that this Jury was biased against radical redefinitions of architecture?

Certainly all of this is to some degree the case. The question then is why it is so. It seems to me that the answer is that, on the one hand, looking for important and accomplished architecture is a self-fulfilling prophecy and, on the other hand, that there is a tradition of making things in Europe that has turned out to be more vital than we might have expected a few years ago. The Mies van der Rohe Award looks for monuments, which is to say, buildings that serve important institutions, often allied with the state, that are in important locations or serve as landmarks, and that manage to hold fast within their very construction certain values of the community to which they belong (which includes, for this moment, the Jury). It does so because only such buildings rise above the concerns of construction and function to mean something that could attract our attention and appreciation. By focusing on such structures, the Mies van der Rohe Award programme affirms the almost four-century old tradition, founded in France, that it is only such buildings that we can truly call architecture.

But the tradition to which I refer is another one. It is a development of the Beaux-Arts model, through modern technologies and types, but also through the questioning of the place of such objects in our modern society, in Postmodernism, into what Robert Venturi prophesied as the 'difficult whole.' It is a way of making objects that is familiar from centuries of architectural teaching in that it tries not just to represent the state, but to show how the design as a building responds to gravity, how it expresses its construction, function and character, what proportions and compositions it employs, and how it distinguishes, but does not remove, itself from its setting. The object of European architecture is an object that thus remains recognisable, but also partakes of whatever is new and relevant in its surroundings.

In Europe, the spiritual godfather of this object is without a doubt Aldo Rossi, who reminded architects of their responsibility to tradition, to the city, and to the notion of architecture as a form of communal stagecraft. Its formal godfather is, more than any other designer, James Stirling, who showed how that tradition could be accomplished in complex objects that expressed their connection to their surroundings and the hybrid, ever-changing nature of the activities that take place in any modern, urban object. Behind such figures one sees the refining work of Ludwig Mies van der Rohe, the sensuality of Alvar Aalto and the sculptural explorations of Le Corbusier, but the buildings that result remain rooted in the forms and theories that developed after 1968 – after the re-foundation of culture as a response, part critical and part co-opted, to the abrasive effects of late and global capitalism. European practice today, in other words is, and the Mies van der Rohe Awards confirm this, one of making cultural signifiers that function to anchor the myth of meaning, proportion, and reality, all vouchsafed by the solace of good design, in the singular fact of construction as a carrier of meaning, tradition and recognisability and, on the other hand, the continually changing landscape of our lives. The state is there, but integrated with our concerns. The box is still there, but complex.

So we are left with boxes. Some of the best of these are glass reductions of the prismatic moment of revelation Mies van der Rohe generated, here made expressive in order to pose themselves not as natural, but as deliberate approaches to the making of a cultural thing. The Ardennes Leather Tannery, by Patrick Berger and Jacques Anziutti, comes to mind, as does the Ferrari Product Development Centre outside Maranello, Italy, designed by Massimiliano Fuksas. The making of more solid boxes is especially popular in the Iberian Peninsula and in Scandinavia, where the rhetoric becomes sculptural and carried out in concrete. Good examples of this approach might be the Art Centre - Casa das Mudas, in Calheta, Portugal, by Paulo David, on the one hand, which presents a theatrical use of concrete volumes so as to modulate the experiences the public will have in moving through these public spaces and, on the other hand, the complexity of the Museum of World Culture in Gothenburg, Sweden, by Brisac Gonzalez Architects, in which the volumes become intersecting solids whose eroded edges help actually make them appear more solid. Others flay and distend the box, reaching for its limits, as in the T-Center St. Marx Building by Domenig, Eisenköck and Peyker on the outskirts of Vienna or the Scottish Parliament, by Enric Miralles and Benedetta Tagliabue together with RMJM Scotland Ltd. Finally, there are the absolutely minimal boxes, exemplified by John Pawson's Monastery in the Czech Republic. Here the box approaches the status of line and plane, hovering at the edge of disappearing and thereby asserting its essential nature. The fact that this edge condition can only exist in extreme situations reinforces the sense that here the box becomes the sign for architecture approaching art.

In the winning designs, something else appears to be going on. Certainly four of the five finalist projects have little to do with the box anymore (as could be said of other selected projects, such as the Millau Viaduct by Foster and Partners and Michel Virlogeux). The most obvious abandonment of that container is evident in the two projects that unfold out of the landscape: the Forum 2004 Esplanade and the Braga Municipal Stadium. The first of these, designed by Martínez Lapeña - Torres Arquitectos, is not something it is easy to call a building at all. It is rather a landscape element that has as the only function one might be able to think of as being proper to a building: its ability to shade visitors. It does, however, stand as a landmark in the new territory at the edge of Barcelona, while also serving to reveal the new technology by which we could and should be tempering our climate. It does so with highly sculptural structural elements that do, however, also appear contrary to the manner in which they actually function.

The Braga Municipal Stadium is an altogether other object. It manages to pose a clear place of gathering with and in relation to the natural landscape in which the architect placed it. Eschewing the standard design that the site would indicate, Eduardo Souto de Moura chose instead to turn one half of the stands into a human-made version of the rocky hill out of which the soccer field has been excavated, while the other side is an abstraction of the balance of lift and extension by which large-scale sporting venues support their public. Here architecture almost disappears into a combination of landscape and spectacle, and the results are naturally spectacular: they use the scale and romantic quality of the earth to ground a sense of the shared and the unusual, thus making an argument for community and culture that bypasses the commercialised scale and activities with which architects are usually confronted.

The two British projects are, on the other hand, right in the heart of commercial culture. The Selfridges and Co Department Store in Birmingham, by Future Systems / Jan Kaplicky and Amanda Levete accepts the roads, the circulation patterns and the essential emptiness of its situation, smoothing the various curves and voids that result from that condition into a sinuous shape that, because it is an abstraction of all these latent forces, is a clear sign of that fluid world. Selling and buying is all about removing barriers to distribution on the one hand and desire on the other and the planning of department stores is based on that kind of utopia of barrier-free design. Future Systems turns this planning into an aesthetic that thereby denies the boxes' sharp edges. The result is something that looks like something else, though what that something might be is never clear. It is an amoeba floating in a sea of shopping and cars, changing shape and association as one moves around and through it.

The 30 St Mary Axe (Swiss Re Headquarters) has none of this enigmatic and yet commercial complexity. It is a clear icon. Like the Selfridges Store, it smoothes what is usually a rectangular form into something much slicker. In so doing, it uncovers the phallic sign inherent in the skyscraper, thereby making clear that the point of the exercise is to make a big and erect a thing as possible. It also abstracts the complexity of its urban setting into a simple geometric figure, and does so with great skill and simplicity. Inside, the building extrapolates the *burolandschaft* into its natural, spiralling destiny: that of hanging gardens that follow the upward reach of the skyscraper and the flow of air through such buildings. The whole hangs together with a steel structure that articulates this design with admirable precision and baroque grandeur, from the 'X' that marks the entrance by merely carrying through the logic of the structure to the swirling patterns of the glass panels that respond to different lighting needs in the public and work areas. Only the top, where the thrusting gherkin resolves itself into a polite corporate cafeteria viewing the subject landscape, seems too pat and obvious.

For all their freedom and gestural qualities, it seemed to the Jury that these buildings protested too much. While they rose above the rest of the submittals exactly because they re-imagined their functions, sites and institutions, they lost a certain clarity and connection that is inherent in the box and necessary to any object that might aspire to the monumental status that this European prize programme rewards. The design to which we awarded the Mies van der Rohe Award – but also the building for which NL Architects won the Emerging Architect Special Mention – is not something different from these boxes, but an involution of them that achieves the freedom to which the stadium in Braga gestures so wildly and willfully. The BasketBar does so by undressing the box and turning it into a cage for play hovering over an almost disappearing glass bar that is in its turn overwhelmed by a bright orange skateboard ramp. Standing in a landscape of heroic modernist volumes, both new and old, it holds it own by riffing. It turns geometry and function into pure play, both literally and in its forms. The BasketBar refuses to take architecture seriously, and proposes thereby that the rituals of play, sports and drinking are in fact the elements out of which we can construct a community and a collective culture. This might not seem a very serious approach, but that is the whole point. Perhaps we need to look for salvation not in final forms or perfect details, but in the loose and joyful accommodation of the reality of everyday life in such a way that a pattern, flow and play of meaning appears out of those very circumstances.

The Netherlands Embassy in Berlin in the end won the Mies van der Rohe Award because it is the perfect monument, but one that turns itself inside out and lets that same sense of discovery, play and open-ended relations appear at the very heart of the state and state-controlled architecture. It is an object that is not complete: it sloughs off part of itself as a mesh-covered L-shape that serves to complete the block and answer to local conditions, leaving a partially cantilevered object sitting off-center next to a plaza. Inside, the very heart of the Beaux-Arts tradition has been taken to its logical extreme. The main axis that should lead to the most important space and divide the building into its functional parts has turned into a spiral that leads directly from the front door all the way up to the employee's cafeteria and then the roof. The Ambassador's office is left by the wayside, dangling precariously outside of the building itself, while the formal spaces of gathering are suppressed half under the entrance level. The search for importance in the building becomes its most important public space, a metal-clad hallway that strings together all the Embassy's activities into a quest with no end except the real place of community gathering, the communal and informal meal in the employees' cafeteria at the top. Along the way, the building focuses our attention not on itself and its details, but on the world around it, making us realise how much good architecture there already is and begging the question what is to be done when architecture is perhaps no longer necessary except as a memorial and focal device for already established values and constructions.

The Netherlands Embassy then is the conservative monument turned inside out. Ironically, it thereby saves the type, the box and the notion that architecture can have a meaning, from dissolution. What makes this building so exciting is that it proves that there is value and beauty in the traditions of European architecture, but only if they are reinvented. By inverting, denuding, convoluting and almost killing everything architecture in the formal mode that the Mies van der Rohe Award programme has as its subject stands for, Rem Koolhaas has saved a place for architecture. The question now remains: is this the spiral that leads us, like Borromini's 'monkey ladders', closer to God, or is architecture truly spiralling out of control, forcing us to imagine something that is indeed beyond its own box? Has Rem Koolhaas opened Pandora's Box?

Plurality: EU Architecture Prize

Dr. Suha Özkan

In the world of architecture, basically there are two types of awards. The 'Gold Medal' type mainly aims to recognise a professional's lifelong commitment and achievements, with the most notable being the Pritzker Prize given by the Hyatt Foundation. The RIBA and AIA Gold Medals follow a similar pattern. The Praemium Imperiale of the Japanese Art Association covers architecture along with other forms of artistic expressions like painting, sculpture, music, theatre and film. These awards are important milestones that celebrate the heroes of our times and honour them along with their peers in a historical continuity.

The objective of the other type of prizes is to distinguish exemplary, project-based singular accomplishments, with many architectural institutions and journals having annual project awards that recognise such excellence within their own contexts. On the international scale, there are four notable awards that are established for the recognition of projects.
The Netherlands' Prince Claus Prize and the Rolex Awards of Geneva include architecture within the realm of their wider concerns of development and innovation whereas the Aga Khan Award and the European Union Prize for Contemporary Architecture - Mies van der Rohe Award are dedicated exclusively to architecture. While the Aga Khan Award is focused on Islamic communities, the geographic context of the Mies van der Rohe Award is the European Union and associated countries.

Thus, the latter presents a quality-based selection of architectural production across Europe. The thorough and meticulous collection of documentation prepared for the Jury meetings and the travelling exhibition and catalogue publication of the works selected for each edition have become an important source for contemporary architecture.

In addition, especially due to the dominance of Western European languages and in some cases the inaccessibility of the architectural media, many projects of Eastern Europe and the Balkans still remain rarely noticed. This prize brings the projects in these countries to the Jury's attention which in turn, is a great opportunity for the architects.

Although the presentations of the nominations resembles the method that we have in the Aga Khan Award for Architecture, the most original part of the Mies van der Rohe Award is that the Jury as a group visits the finalist works instead of project reviews presented by a third party expert. This aspect transforms the work of the Jury prior to their second and decisive meeting into an in-situ colloquium.

The Jury of the Mies van der Rohe Award is a carefully composed panel of international architects. For the 2005 edition, it was chaired by the winner of the previous prize: Zaha Hadid. Early in 2005, the Jury members met for the first time in Barcelona and made their selection of finalist works. The Esplanade and Photovoltaic Panel designed by José Antonio Martínez Lapeña and Elías Torres for the Barcelona Forum 2004 was reviewed immediately after the first meeting.

One of the most extraordinary structures built for this event based on the themes of cultural understanding, social justice and sustainable development; the reinforced concrete canopy is covered with solar panels that generate electricity. The pergola is part of an extensive urban restructuring plan for the coastal strip of Barcelona on the border of the neighbouring community of Sant Adrià de Besós. The tilting pergola supported by four concrete columns orientates the solar panels while producing a dramatic sculpturesque effect that in time is destined to become the symbol of the future harbour and the Forum area.

In London the Jury visited 30 St. Mary Axe, the headquarters for the Swiss-Re company that is colloquially known as the 'gherkin'. Designed by Norman Foster / Foster and Partners, the structural outer skin of this 40-storey tower is steel and built like a rhombic geodesic structure that is fully transparent. Three rectangular strips intersect at the central service core allowing for the furnishing of the rectilinear spaces while leaving six triangular voids that form a continuous spiral upwards in order to discharge the heated air all the way to the top. The building is primarily for rental office space of more than 76,000 m^2 and is equipped with all the facilities of contemporary intelligent building systems.

The Jury travelled to nearby Birmingham to take a look at the Selfridges Department Store by Future Systems / Jan Kaplicky and Amanda Levete, one of the most published and talked about buildings of recent years. The rounded blind wrapper that acts like a containing periphery gives more of the impression of a 'cocoon' and the large white disks on the dark blue background lend a surrealistic quality. The non-rectilinear free-floating spaces inside provide an informal shopping environment where all levels are experienced as a whole.

In Portugal, the members of the Jury visited the Braga Municipal Stadium by Eduardo Souto de Moura. Located on the northern slope of Monte Crasto it forms part of the Dume Sports Park. This 40-metre tall stadium has a covered seating capacity for 30,000 people on either side of the football field and consists of two squares with the same degree of slope. At its base it sits on a simple platform and has a very straightforward urban presence. The design of the sloping roof is based on the suspension bridges, marvels of engineering, that the Peruvian Incas built to span the deep river gorges that separated their cities.

The Jury decided to give the 2005 Mies van der Rohe Award to OMA / Rem Koolhaas and Ellen van Loon's Netherlands Embassy, which perches on the bank of the River Spree in the midst of the conservative architecture of former East Berlin.

The programme called for a compact building with 5,000 m² devoted to offices and 900 m² for living space. The roof of the building is treated as a separate façade and its large garden terminates the continuous, spiralling route through the structure.

The Embassy responds to the Berlin townscape by celebrating the river and adding a courtyard that basically separates the housing from the offices. From the outside it's a simple box. However the composition of its plan adds complexity to the brief by the very atypical arrangements of non-rectilinear spaces. Moreover, throughout the circulation route the surrounding town and landscape are visible and present in the building. A powerful tectonic quality is brought to the ensemble by the transparent galleries and bridges that connect the offices to the residences. The transparent meeting hall that cantilevers out into the courtyard is a strong iconic element that is directly connected to the office of the Ambassador.

OMA's Embassy in Berlin has many original features and sharp architectural ideas that reveal the current architectural discourse. It will be talked and discussed and appreciated for many years to come. One only wishes that a building of this importance could be a much more accessible public building for many to enjoy and experience.

The BasketBar by the team NL Architects / Pieter Bannenberg, Walter van Dijk, Kamiel Klaase and Mark Linnemann was chosen for the Emerging Architect Special Mention. Located on the campus of the University of Utrecht, the basketball court is elevated from the ground level while underneath there are spaces for various functions that are aimed to bring the academic community together: a bar, café, meeting and recreational spaces. The solution is a creative incorporation of different architectural programmes in a limited space for communal use. The minimalist simplicity of the project was also appreciated.

These works and the 27 chosen by the Jury for the exhibition and catalogue were shown at the UIA World Congress held in Istanbul in July 2005, generating a notable public interest. An important aspect of the award process is its capacity to develop institutional bonds that aim to relate different cultures within the European Union. I believe that as we move toward an increasingly integrated EU with multitudes of expressions for different architectural solutions, this prize is developing into a medium for the understanding and appreciation of plurality in terms of contemporary architecture. 'Architecture': is it not the mirror of civilisation?

London's first ecological tall building and an instantly recognisable addition to the city's skyline, 30 St Mary Axe is rooted in a radical approach – technically, architecturally, socially and spatially. Commissioned by Swiss Re, one of the world's leading reinsurance companies, it rises forty-one storeys and provides 76,400 square metres of accommodation including offices and a shopping arcade accessed from a newly created public plaza. At the very top of the building – London's highest occupied floor – is a club room that offers a spectacular 360-degree panorama across the capital.

Generated by a radial plan with a circular perimeter, the building widens in profile as it rises and tapers towards its apex. This distinctive form responds to the constraints of the site: the building appears more slender than a rectangular block of equivalent size; reflections are reduced and transparency is improved; and the slimming of its profile towards the base maximises the public realm at ground level. Environmentally its profile reduces the amount of wind deflected to the ground compared with a rectilinear tower of similar size, thereby helping to maintain pedestrian comfort at street level, and creates external pressure differentials that are exploited to drive a unique system of natural ventilation.

Conceptually the tower develops ideas explored in the Commerzbank and before that in the Climatroffice, a theoretical project with Buckminster Fuller that suggested a new rapport between nature and the workplace, its energy-conscious enclosure resolving walls and roof into a continuous triangulated skin. Here, the tower's diagonally braced structural envelope allows column-free floor space and a fully glazed façade, which opens up the building to light and views. Atria between the radiating fingers of each floor link together vertically to form a series of informal break-out spaces that spiral up the building. These spaces are a natural social focus – places for refreshment points and meeting areas – and function as the building's 'lungs', distributing fresh air drawn in through opening panels in the façade. This system reduces the tower's reliance on air conditioning and together with other sustainable measures, means that the building is expected to use up to half the energy consumed by air-conditioned office towers.

30 St Mary Axe (Swiss Re Headquarters)
London, United Kingdom
Norman Foster / Foster and Partners

Credits Client, Owner/Occupier: Swiss Re. Project management: RWG Associates. Cost consultant: Gardiner & Theobald. Construction management: Kontor GTCM. Planning consultants: Montagu Evans. Legal advisers: Linklaters & Alliance. Urban design & conservation consultants: The Richard Coleman Consultancy. Structural engineering: Arup. Mechanical & electrical engineering: Hilson Moran Partnership Ltd. Environmental engineering: BDSP Partnership. Fire engineering: Arup Fire. Lift engineering: Van Deusen & Associates. Cladding consultant: Emmer Pfenninger. Façade access: Reef UK. Lighting: Speirs and Major. Acoustics & AV consultant: Sandy Brown Associates. Catering consultant: Tricon. Traffic engineering: Arup Transportation. Landscape architects: Derek Lovejoy Partnership. Urban movement consultants: Space Syntax Laboratory. Information technology: PTS. Security: VIDEF. Planning supervisor: Osprey Mott MacDonald. Main contractor: Skanska Construction UK Ltd

1967 Office of Foster
and Partners established
in London

Norman Foster
1935 Born in Manchester, United
Kingdom
1961 Diploma in Architecture
and Certificate of Town Planning,
Manchester University School
of Architecture
1962 Master of Architecture,
Yale University, New Haven,
Connecticut
1969-71 Council Member,
Architectural Association,
London
1971-73 External Examiner,
Royal Institute of British
Architects, London
1981 Council Member, Royal
College of Art, London
1998 Visiting Professor, Bartlett
School of Architecture, London

Major Competitions /
Principales concursos
1984 1st Prize: Carré d'Art,
Contemporary Arts Centre,
Nîmes, France
1988 1st Prize: Collserola
Telecommunications Tower,
Barcelona
1997 1st Prize: The Sage
Gateshead, UK
1998 1st Prize: Wembley
National Stadium, London
2003 1st Prize: Beijing Capital
International Airport Terminal 3

Awards and Distinctions /
Premios y distinciones
1994 Officier, Ordre des arts
et des lettres
1999 Life Peerage in Queen's
Birthday Honours
1999 Commanders Cross,
Order of Merit, Federal Republic
of Germany
1999 Pritzker Prize
2002 Praemium Imperiale Award

Major Works / Principales obras
1986 Hong Kong Shanghai Bank
Headquarters, Hong Kong
1991 Stansted Airport, London
1997 Commerzbank
Headquarters, Frankfurt
1999 German Parliament,
Reichstag, Berlin
2000 Great Court, British
Museum, London

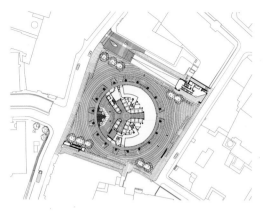

SITE PLAN

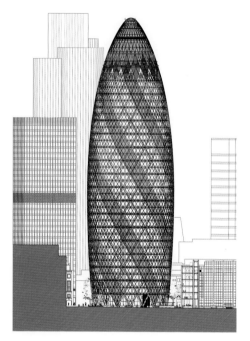

ELEVATION

40TH FLOOR PLAN

39TH FLOOR PLAN

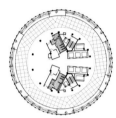

33TH FLOOR PLAN

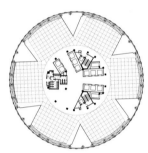

21TH FLOOR PLAN

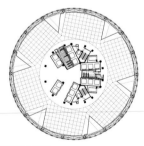

6TH FLOOR PLAN

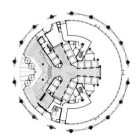

GROUND FLOOR PLAN

30 St Mary Axe (Oficinas centrales Swiss Re) Londres, Reino Unido
Norman Foster / Foster and Partners

Se trata del primer edificio alto y ecológico de Londres, y del primer elemento añadido reconocible en el horizonte de la ciudad. 30 St. Mary Axe surge de un planteamiento radical tanto desde un punto de vista técnico como arquitectónico, social y espacial. Encargado por Swiss Re, una de las principales compañías mundiales de reaseguros, el edificio alcanza una altura de cuarenta y una plantas y proporciona 76.400 metros cuadrados de espacio utilizable, incluyendo oficinas y una galería comercial a la que se accede desde la plaza pública de reciente creación. En la cima misma del edificio –la planta ocupada más alta de Londres– se halla un club que ofrece un panorama espectacular de 360° de toda la capital.

Creado sobre una planta radial, con un perímetro circular, el edificio se ensancha en perfil conforme se va elevando para ahusarse luego hacia el ápice. Esta forma tan característica responde a las necesidades del lugar donde se halla: el edificio parece más esbelto que un bloque rectangular del mismo tamaño; los reflejos se reducen y la transparencia mejora; y el afinamiento de su perfil hacia la base contribuye a maximizar el dominio público a nivel de la planta baja. Desde el punto de vista del medio ambiente, su perfil reduce la cantidad de viento desviado hacia el suelo, comparado con lo que sucede con las torres rectilíneas de tamaño similar, manteniendo así el confort de los peatones a nivel de la calle. Crea, asimismo, unas diferencias de presión externa que se utilizan para activar un sistema único de ventilación natural.

Conceptualmente, la torre desarrolla las ideas ya exploradas en el Commerzbank y antes incluso en el Climatroffice, un proyecto teórico con Buckminster Fuller que sugería una relación nueva entre la naturaleza y el lugar de trabajo, y su envoltura, consciente del tema energético, resuelve el tema de los muros y la cubierta de una epidermis triangulada continua. Aquí, precisamente, esa envoltura estructural de la torre, reforzada con riostras diagonales, permite crear un espacio de piso sin columnas y una fachada totalmente acristalada que abre el edificio a la luz y a las vistas. Los atrios creados entre los dedos radiales de cada planta vinculan verticalmente cada planta para formar una serie de espacios de descanso que van ascendiendo en espiral por el edificio. Dichos espacios son como un centro de actividad social, puntos para tomar un refresco y charlar; funcionan como 'pulmones' del edificio, distribuyendo el aire fresco procedente de los paneles practicables de la fachada. Este sistema reduce las necesidades de aire acondicionado de la torre y, junto con otras medidas sostenibles, significa que se espera que el edificio utilice la mitad de la energía que consumen otras torres de oficinas dotadas de aire acondicionado.

The ambition of this scheme was great. Our brief was not only to design a state of the art department store but also to create an architectural landmark for Birmingham so that the building itself would become a genuine catalyst for urban regeneration. It was this ambition that drove our design.

We have re-interpreted the notion of a department store, not just in its form and appearance but also in the social function such a building now plays in our society. Its relationship to the church is significant, representing the religious and commercial life of the city that have evolved side by side over hundreds of years. The building provides an ethereal backdrop to the Gothic architecture of St Martin's and its closeness creates a powerful visual tension between church and department store. Glimpsed from the train entering Birmingham from the south, it promises mystery and excitement in a city under-going a 21st century renaissance.

The fluidity of shape recalls the fall of fabric or the soft lines of a body, rising from the ground and gently billowing outwards before being drawn in at a kind of waistline. It then curves out again and over to form the roof in one continuous movement. The skin is made up of thousands of aluminium discs creating a fine, lustrous grain like the scales of a snake or the sequins of a Paco Rabanne dress. In sunlight it shimmers, reflecting minute changes in weather conditions and taking on the colours, light and shapes of people and things passing by – an animate and breathing form.

The interior of Selfridges had to be a blank canvas for an array of changing interior design and shop-fits. However by designing key elements of the interior – the dramatic roof lit atrium criss crossed by a white cat's cradle of sculpted escalators and the smaller but equally powerful atrium – the integrity of the interior is preserved and lives up to the expectation set by the building's exterior.

Selfridges & Co Department Store
Birmingham, United Kingdom
Jan Kaplicky, Amanda Levete / Future Systems

Credits Client: Selfridges & Co. Structure, services + façade engineering: Arup. Quantity surveyor: Boyden + Co. Project manager: Faithful + Gould. Main contractor: Laing O'Rourke. Future Systems team: Søren Aagaard, Nerida Bergin, Sarah Jayne Bowen, Lida Caharsouli, Julian Flannery, Harvinder Gabhari, Dominic Harris, Nicola Hawkins, Matthew Heywood, Candas Jennings, Jan Kaplicky, Amanda Levete, Iain MacKay, Glenn Moorley, Andrea Morgante, Thorsten Overberg, Angus Pond, Jessica Salt, Severin Soder.

1989 Office of Future Systems established in London

Jan Kaplicky
1937 Born in Prague, Czechoslovakia
1962 Diploma in Architecture, Vysoká Škola Umělecko-Průmyslová v Praze, Prague
1982-88 Professor, Architecture Association (AA), London
1992 Design Workshop, Technische Universität, Berlin
1992 Professor, Ecole d'architecture et de paysage de Bordeaux

2000 Honourable Fellow, Royal Institute of British Architects
2004 Professor, ICIS Masterclass, Association of Architects, Hornbaek, Denmark

Amanda Levete
1955 Born in Bridgend, UK
1982 Diploma in Architecture, AA
1992 Visiting Lecturer, RMIT University, Melbourne, Australia
1993 Visiting Lecturer, University of Wales, Aberystwyth, UK
1995 Visiting Lecturer, Royal College of Art, London

Major Competitions /
Principales concursos
1989 2nd Prize: Bibliotheque de France
1990 New Acropolis Museum, Athens
1994 1st Prize: NatWest Media Centre
1994 1st Prize: Floating Bridge
2004 1st Prize: Maserati Museum, Modena, Italy

Awards and Distinctions /
Premios y distinciones
1999 Stirling Prize: NatWest Media Centre
1999 1st Prize, Aluminium Imagination Award: NatWest Media Centre

2001 World Architecture Award: NatWest Media Centre
2004 RIBA Award for Architecture: Selfridges Birmingham
2004 Royal Fine Art Commission Trust: Selfridges Birmingham

Major Works / Principales obras
1994 NatWest Media Centre at Lord's Cricket Ground, London
1994 House in Wales, Pembrokeshire, UK
1994 Floating Bridge, London
1996 Hauer King House, London
1998 Comme des Garçons, New York, Paris, Tokyo

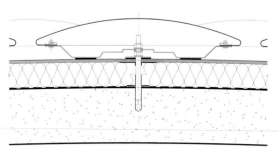

ALUMINIUM DISC DETAIL

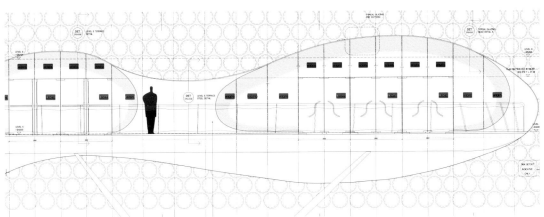

GLAZING DETAIL

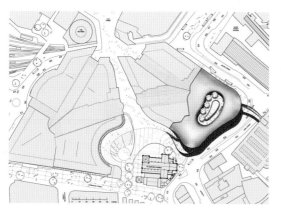

SITE PLAN

7TH FLOOR PLAN

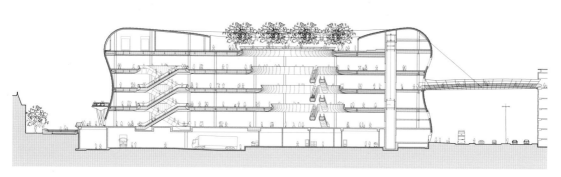

SECTION

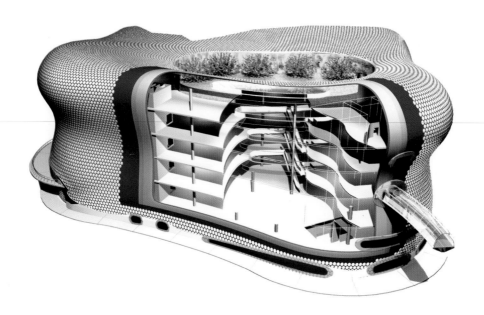

Grandes almacenes Selfridges & Co
Birmingham, Reino Unido
Jan Kaplicky, Amanda Levete / Future Systems

La ambición de este proyecto era enorme. Nuestro propósito era no sólo diseñar unos grandes almacenes de lo más actual, sino también crear un hito arquitectónico para Birmingham de forma que el propio edificio se convirtiera en auténtico catalizador de la regeneración de la ciudad. Fue precisamente dicha ambición la que orientó nuestro diseño.

Hemos reinterpretado la noción de grandes almacenes, no sólo en su forma y aspecto, sino también en la función social que un edificio así desempeña actualmente en nuestra sociedad. Su relación con la iglesia es importante ya que representa la vida religiosa y comercial de la ciudad que han ido evolucionando a la par a lo largo de siglos. El edificio proporciona algo así como un telón de fondo etéreo a la arquitectura gótica de St. Martin, y su proximidad crea una tensión visual muy fuerte entre la iglesia y los grandes almacenes. Vislumbrado desde el tren que entra en Birmingham por el sur, el edificio promete misterio e ilusión en una ciudad que está viviendo su renacimiento en el siglo XXI.

La fluidez de su forma recuerda la caída de un tejido o las suaves curvas de un cuerpo que surge del suelo y se hincha con el viento antes de recogerse en una especie de cintura. Vuelve luego a dibujar unas curvas para formar la cubierta en un movimiento continuo. La piel se ha hecho con miles de discos de aluminio que crean una textura granulada y brillante semejante a las escamas de una serpiente o las lentejuelas de un vestido de Paco Rabanne. Bajo la luz del sol, resplandece, reflejando los cambios meteorológicos más imperceptibles y absorbe los colores, las luces y las formas de las personas y los objetos que pasan junto al edificio en una forma animada que respira.

El interior de Selfridges tenía que ser algo así como un lienzo en blanco dispuesto a acoger toda una variedad de diseños interiores cambiantes y elementos de la tienda. Aún así, diseñando los elementos clave del interior —el espectacular atrio iluminado desde el techo y atravesado por un sinfín de escaleras mecánicas que se entrecruzan, así como el atrio menor pero igualmente fuerte— se conserva la integridad del interior cumpliéndose las expectativas que el exterior del edificio suscita.

The Forum esplanade, shaped like an open hand or a delta, acts as a support for the Forum building and the new Convention Centre (CCIB).

A 14 ha extension of Avinguda Diagonal, it covers a large part of the water treatment plant.

This roof can be seen as a cloth, an image that the asphalt pavement – a huge five-colour patchwork – refers to quite explicitly. The asphalt permits repair work that, by unexpectedly changing the original colours, will enrich the chromatic range.

The pavement is also a complex technical floor under which power lines, water pipes, telephone lines and a drainage system form a dense network.

Over this esplanade chimneys emerge – one of which is being transformed into a meteorological, orientation and information point – and services of the water treatment plant. On this asphalt surface, two folded canopies have been built to provide shadow, as well as two large hypostyle halls – the structure of which coincides with that of the underlying water tanks on which it rests. These two large concrete canopies, which are open on all four sides, hold a metallic shed structure (whose north face is glazed and whose south side is covered with 6,500 m^2 of photovoltaic cell panels) that provide a 13,000 m^2 roof for the esplanade.

The 'fingers' of the esplanade rise in such a way that they form a series of 'cliffs' over the new marina, while the interstices among them house ramps and stairs that allow people to descend to the port. In three of these fingers large areas of grass have been planted to signal sun-bathed leisure areas. A *ha-ha* with stairs along the perimeter of these fingers guarantees a clear horizon, uninterrupted by parapets or handrails.

The two fingers located closest to the sea house the dry marina and the sailing school. The former extends with a pedestrian bridge over the marina while the latter holds a large photovoltaic canopy (4,500 m^2). That will be seen in Barcelona's waterfront as yet another of the industrial facilities that are so characteristic of this area.

The canopy receives sunlight and produces energy and a cane-like shadow. It is a skewed plane, with a 30° inclination and oriented due south, supported by four twisted legs that protrude from the sailing school finger. The roof of this building is a geometrically unexpected end to the Diagonal, the last viewpoint or belvedere of the city over the water which can finally be reached descending a large staircase under a *pallium*.

Forum 2004 Esplanade and Photovoltaic Plant
Barcelona, Spain
José Antonio Martínez Lapeña, Elías Torres Tur
Martínez Lapeña - Torres Arquitectos

Credits   Client: Infraestructures del Llevant (City Halls of Barcelona and Sant Adrià del Besòs). Collaborators: Aurora Armental, Pau Badia, Josep Ballestero, Guillem Bosch, Marta Carbonell, Alexandra de Châtillon, Luigi Dall'Argine, Daniela Eckardt, Sylvia Felipe, Emilia Fossati, Pau Fulleda, Marc García-Durán, Borja José Gutiérrez, Laura Jiménez, Majbritt Lerche, Iago López, Lluisa Morao Iglesias, José Manuel Navarro, Estanislao Puig, Fidel Savall Sargas, Pablo Tena, Luis Valiente, Jennifer Vera. Engineering: Esteyco Consultor-Ingeniería / Javier Rui-Wamba, Andreu Estany, Ricardo Gil, Carlos García, Miguel Ángel Fernández. Fabricates: Hormipresa, Caldesa, Bega / Carandini, Escofet, Prefabricados Castelo, Ursa, Isofotón, Sener, Inabensa. Construction companies: Drace / Dragados /Copcisa, Necso / Rubau, Acs /Necso, Preufet, Six Constructors.

1968 Office of Martínez Lapeña - Torres Arquitectos established in Barcelona

José Antonio Martínez Lapeña

1941 Born in Tarragona, Spain
1962 Diploma in Technical Architecture, Escola Politècnica Superior de l'Edificació, Barcelona
1968 Diploma in Architecture, Escola Tècnica Superior d'Arquitectura de Barcelona (ETSAB)
1969-71, 1978-83 Professor, ETSAB
Since 1983 Professor, Escola Tècnica Superior d'Arquitectura del Vallès, Sant Cugat del Vallés, Barcelona
Since 1998 Professor, Escola Tècnica Superior d'Arquitectura Ramon Llull, Barcelona
2001 Professor, Escuela Técnica Superior de Arquitectura de Navarra, Pamplona, Spain

Elías Torres Tur

1944 Born in Ibiza, Spain
1968 Diploma in Architecture, ETSAB, Barcelona
Since 1969 Professor, ETSAB
1977,81,84, Visiting Professor, University of California, Los Angeles
1993 Doctorate in Architecture, ETSAB
1995 Kenzo Tange Visiting Critic, GSD, Harvard University, Cambridge, Massachusetts
2001 Visiting Professor, Università degli studi Napoli Federico II, Naples, Italy

Major Competitions /
Principales concursos
2002 Finalist: Montjuïc Summit, Barcelona
2003 Finalist: FCC Headquarters, Madrid
2003 1st Prize: Centre de Cultura Contemporània Extension, Barcelona
2004 Finalist: New Headquarters for Film Archive of Catalunya, Barcelona

Awards and Distinctions /
Premios y distinciones
1992 FAD Prize: Olympic Village Housing
2001 FAD Prize, Exterior Spaces and Public Opinion: La Granja Escalator
2004 V Dècada Prize: Restoration of the Park Güell, Barcelona
2004 COAIB Prize, Exterior Spaces and Urban Projects: Restoration of Palma de Mallorca City Walls
2004 Venice Biennial, Special Mention: Forum 2004 Esplanade and Photovoltaic Plant

Major Works / Principales obras
1991 Olympic Village Housing, Barcelona
1992 Kumamoto Museum Annex, Japan (with R.Yagi, Daiwa Architects)
2000 La Granja Escalator, Toledo, Spain
2003 La Farinera Centre for University Studies, Terrassa, Barcelona
2003 Restoration of Palma de Mallorca City Walls, Spain

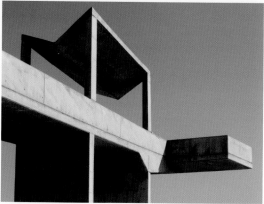

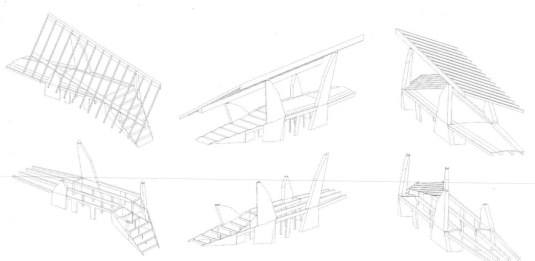

SOLAR PANELS SUPPORT STRUCTURE

Forum 2004, Explanada y planta fotovoltaica Barcelona, España
José Antonio Martínez Lapeña, Flías Torres Tur / Martínez Lapeña Torres Arquitectos

La explanada del Forum, soporte del edificio Forum y del Centro de Convenciones, es una extensión de la avenida Diagonal en forma de mano con los dedos abiertos –un delta hacia el mar– que cubre la mayor parte de la depuradora. Con una superficie de 14 Ha. se puede ver como un mantel unitario que el pavimento de asfalto –un gigantesco patchwork de cinco colores– se encarga de manifestar. Un pavimento que es un suelo técnico bajo el que discurren desagües, tomas de líneas eléctricas, de agua o de cableado telefónico. Sobre esta explanada emergen chimeneas y servicios de la depuradora. Una de ellas se está convirtiendo en una central meteoro-lógica y de orientación. También sobre el asfalto de la explanada se han construido pérgolas plegadas para sombra, y dos salas hipóstilas– que coinciden con la estructura de los tanques de la depuradora y soportan una estructura metálica en dientes de sierra, cuyas caras norte se han cubierto con cristal y las sur con paneles de células fotovoltaicas (6.500 m^2). Las dos salas hipóstilas, sin cerramientos laterales, son dos palios que protegen

13.000 m^2 de explanada. Los dedos de la explanada ascienden convirtiéndose en acantilados sobre las áreas del puerto deportivo, mientras que los intersticios entre ellos alojan escalinatas y rampas que permiten descender a la zona portuaria. En tres de estos dedos se han plantado franjas de césped que señalan zonas de descanso al sol. Un ha-ha con escalinata en todo el perímetro de los dedos garantiza un horizonte no interrumpido por la presencia de barandillas. Los dos dedos más próximos al mar albergan la marina seca y la escuela de vela, ésta última soporta una gran pérgola fotovoltaica de 4.500 m^2 que se ve en el litoral barcelonés como una más de las instalaciones industriales que caracterizan esta zona. La pérgola recibe sol, produce energía y sombra de cañizo. Es un plano al bies, inclinado 35 grados y orientado al sur. Está soportado por cuatro patas torcidas que sobresalen del dedo de la escuela de vela. La cubierta de este edificio es un final geométricamente inesperado de la Diagonal, el último mirador-belvedere de la ciudad al agua, a la que se llega descendiendo por una escalinata bajo palio.

The Braga Municipal Stadium is situated within the Dume Sports Park on the northern slope of Monte Crasto. The location was chosen in order to avoid making a dam along the water's edge in the valley. The alternative would have been to move it further to the west up against the hill, like a Roman amphitheatre.

Nowadays football is big entertainment, hence the decision to have only two rows of seats. Initially the roof was to look like a long continuous visor (in reference to Siza's Portuguese Pavilion for EXPO 98), but it was eventually modelled on the Peruvian Inca bridges.

With a height of 40 metres, the stadium includes two square stands, each with the same degree of slope. This enables the building to serve as an anchor point for any future development in the area as the city expands northwards.

To the south, the same applied 20 years ago to the Carandá market. Today it has been amputated to save it from succumbing to gangrene.

Braga Municipal Stadium Braga, Portugal
Eduardo Souto de Moura / Souto Moura-Arquitectos

Credits Client: Braga City Hall. Collaborators: Carlo Nozza, Ricardo Merí, Enrique Penichet, Atsushi Hoshima, Diego Setien, Carmo Correia, Sérgio Koch, Joaquim Portela, Luisa Rosas, Jorge Domingues, Adriano Pimenta, Ricardo Rosas Santos, Diogo Guimarães, José Carlos Mariano, João Queirós e Lima, Tiago Coelho. Landscaping: Daniel Monteiro. Engineering: AFASSOCIADOS-Projectos de Engenharia / Rui Furtado (coordination), Carlos Quinaz, Renato Bastos, Pedro Moás, Rui Oliveira, Rodrigo Andrade e Castro, Pedro Pacheco, Miguel Paula Rocha, António André, João Dores, Sérgio Vale, Nuno Neves, Rafael Gonçalves, Andreia Delfim, Miguel Braga, Joao Coutinho, António Monteiro (structures), Maria Elisa Parente, Joana Neves (public health). Electrical and mechanical installations: RGA / António José Rodrigues Gomes, António Ferreira, Luís Fernandes, José Silva Teixeira, Tiago Fernandes. Security: GERISCO / Christian Aoustin. Excavations, roads and infrastructures: Estevão Santana, João Burmester. Consultants: Arup Associates / Dipesh Patel (stadium programme); CEGE / António Silva Cardoso (geotechnics); Ove Arup & Partners / Andrew Alisop (wind study); RWDI / Mark Hunter, Michael Soligo (rigid model wind tests); DMI / Aage Damsghaard (aeroelastic model wind tests); FEUP / Elisa Caetano (dynamics). Cables final design: TENSOTECI / Massimo Marini, Massimo Majowietcki; Soares da Costa / Luís Afonso, Diogo Santos. Site inspection: Braga Municipal Council-DOMSU / Manuel Afonso Basto, Carlos Amaral, Luís Almeida, Filipe Vaz, Eduardo Leite, Paula Pereira, Cidália Rodrigues, Márcia Rodrigues, J.Rodrigues. General excavation: Aurélio Martins Sobreiro / Adérito Faneca. Slope stabilisation: ACE-ASSOC, TECHNASOL / Mário Duarte, João Falcão. Structures, installations: ACE-ASSOC, SOARES DA COSTA / Jorge Oliveira, Mário Duarte, Mário Pereira, Santos Costa.

1993 Office of Souto Moura-Arquitectos established in Oporto

Eduardo Souto de Moura
1952 Born in Oporto
1980 Diploma in Architecture, Escola Superior de Belas Artes do Porto (ESBAP)
1981-90 Assistant Professor, ESBAP and Faculdade de Arquitectura do Porto
1988 Visiting Professor, Ecole d'architecture Paris-Belleville

1989-90 Visiting Professor, Harvard University, Cambridge, Massachusetts
1990-91 Visiting Professor, Eidgenössische Technische Hochschule, Zurich
1994 Visiting Professor, Ecole polytechnique fédérale de Lausanne

Major Competitions / Principales concursos
1982 1st Prize: Giraldo Square Master Plan, Évora, Portugal
1987 1st Prize: Hotel, Salzburg, Austria

1997 1st Prize: Architectural Project for the Oporto Metro
1997 1st Prize: Armazéns do Chiado Interior Development, Oporto
2004 1st Prize: Multifunctional Complex, Caldas da Rainha, Portugal

Awards and Distinctions / Premios y distinciones
1992 Secil Prize for Architecture: SEC Cultural Centre
1998 I Bienal Iberoamericana: Reconversion of Santa Maria do Bouro Convent, Amares

1998 Pessoa Prize
2001 Heinrich Tessenow Gold Medal
2004 Secil Prize for Architecture: Braga Minicipal Stadium

Major Works / Principales obras
1991 SEC Cultural Centre, Oporto
1994 Department of Geosciences, Universidade de Aveiro, Portugal
1999 Matosinhos Courtyard Houses, Portugal
2002 Oporto Metro, Oporto
2004 Burgo Office Tower, Oporto

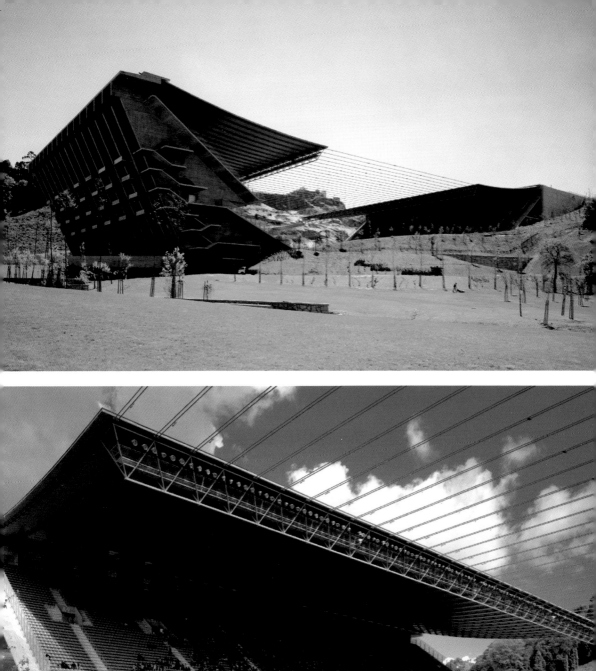

SITE PLAN

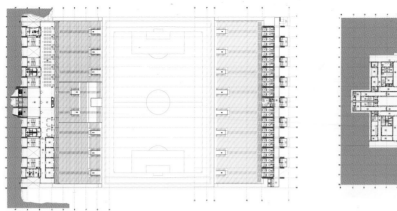

PLAN LEVEL 1

LEVEL 1 PLAN

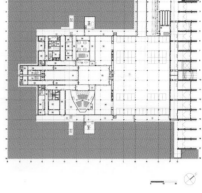

PLAN LEVEL -2

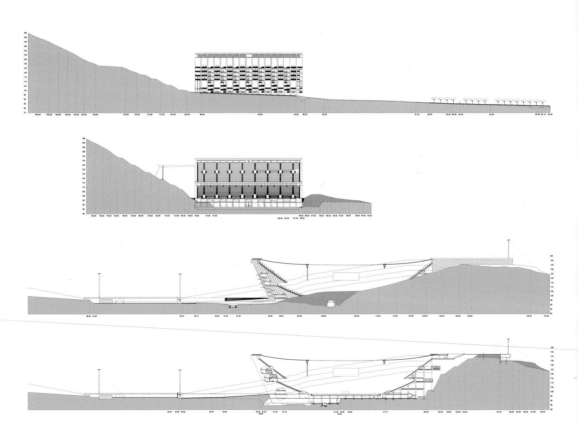

SECTIONS

Estadio Municipal de Braga   Braga, Portugal
Eduardo Souto de Moura / Souto Moura-Arquitectos

El Estadio Municipal de Braga se ubica en el parque deportivo de Dume, en el vertiente norte de Monte Crasto. Este emplazamiento se escogió con el fin de evitar la construcción de un embalse en la ribera que recoge las aguas del valle. La alternativa habría sido construirlo un poco más al oeste, contra la colina, como si fuera un anfiteatro romano.

Actualmente, el fútbol es un gran espectáculo. De ahí que se decidiera construir únicamente dos filas de asientos. En un principio, el tejado tenía que ser una larga visera continua (similar a la del pabellón portugués que Siza hizo para la EXPO 98), aunque, finalmente, se siguió el modelo de los puentes incas peruanos.

Con una altura de 40 metros, el estadio incluye dos graderías cuadradas con la misma pendiente. De este modo, sirve de punto de anclaje para cualquier futura actuación en la zona a medida que la ciudad se expanda hacia el norte. Al sur, hace veinte años se aplicó el mismo sistema en el mercado de Carandá. Actualmente, lo están amputando para evitar que sucumba a la gangrena.

The Greatness of Triviality   Eduard Bru

I have entitled this article *The Greatness of Triviality* because this is precisely the question: the end of the modern project has nothing to do with the caricaturesque classical 'remake', made of artificial materials and gross oversimplifications, that was presented as its successor.

Not at all, the real end of that road which began with the Enlightenment is linked in fact with loss of power on the part of the enlightened class, with its removal from prominent, exclusive positions on the cultural scenario, and dispossession of the status that allowed it to dictate tastes.

This is not only a moment to which tribute must be paid, something that the most expressly 'vulgar' of the selected projects, the Selfridges & Co. department store, does. It is much more: a state of awareness that may be observed in many of the Jury's discussions about the two projects that enjoyed greatest acclaim. I shall now deal with this point.

My purpose, therefore, is to direct these comments mainly towards two of the finalist projects, those that monopolised the final phase of discussions, namely the Netherlands Embassy in Berlin by OMA / Rem Koolhaas and Ellen van Loon, and Eduardo Souto de Moura's Municipal Stadium in Braga.

In the midst of these discussions of strict topicality, the Forum 2004 Esplanade and Photovoltaic Plant and the 30 St Mary Axe high-rise stand somewhat alone, with their refined polysemy as a new form of eclecticism. What is brilliant about Elías Torres and José Antonio Martínez Lapeña's project has to do with the fact that it is both a gigantic billboard and a Catalan-style pergola arranged on top of Stonehenge, while Foster's attempts simultaneously to be pure structure, pure geometry, a little organic as well as ecologic, although in view of the results obtained, the solution of creating voids arranged in spirals to facilitate greater penetration of sunlight is trivial.

The two 'superfinalist' entries present 'errors' — by errors I mean lax attention to aspects that are normally assigned greater importance –, although in K's case they may be regarded as part of the game. What errors? In Souto de Moura, the strange long 'procession' you have to follow to reach one of the fronts of the tiers, which are wrenched away from the building's relationship with the site. And mainly, in my opinion, the way he applies make-up to the landscape to reveal only its titanic side (preparing the terrain on the Piranesian ground floor, emphasis on the relationship between the roof drainage system and the rocks, etc.), at the same time veiling to what is, at least, half its soul — the fact that it belongs to the trivial periphery –, even though it is hidden by an added dune in the southern goal area. In K, the 'error' consists of confining the Embassy employees in an interior encompassed by a magnificent ramp with views for, according to the architect, socialisation of the employees and, above all, for the parties that all diplomatic corps strive to hold precisely in this place.

All told, both build – forcing their programmes – magnificent scenarios for the images of culture of the masses, although on the basis of opposite strategies: the banal/light/flowing (OMA) against the hypermeaningful/dense/static (Souto de Moura).

The main discussion has to do with the desire for centre and staticity (being on the periphery with major movements of spectators and players) and the desire for eccentricity-perimeter-periphery and movement (being motionless in the centre). They both thereby subvert the expected message: solemnity, an embassy, becomes a light carrousel of views; lightness, the setting for a sport, becomes a titanic scenario.

In the magnificent Braga project, however, what appears to be so serious is not so serious as it seems: despite the energy deployed to present it as a scene from Aeschylus, we detect undisguised lightness in the holding of a football match that, despite the *mise-en-scène*, we feel on the more or less manipulated periphery.

K seems to reveal, rather than force, a situation and for this reason, in my opinion, he won.

For we are now invariably caught up in a current made by the city. Like in the city, in this building, no staticity, no standstill or permanence, of any kind, will be allowed. Observe the chairman's seat in the conference room: though like the rest, it is covered with a glaring cow hide. In other words, all one would have to do is strip off the cow hide so that the person who holds power – maximum instability – is relegated back to the position of mere employee. The Ambassador is the only one immune to this but, by being so, exposes himself to extreme danger, on the edge of the precipice.

Manuel Castells refers to the change that takes place between the 'space of places' and the 'space of fluids'. This, very approximately, is the issue and the good thing is that the 'space of fluids' refers to and upgrades a place: Berlin. This fluid condition is present also in the expeditious functional collage that merited the Emerging Architect Special Mention: two different uses united, in the way that abounds in Tokyo, by the downstream pressure of the urban fluid.

Returning to the centre point of the discussion, I believe that Souto de Moura's project pictures the way we Europeans would like to be.

Koolhaas's is an x-ray of the way we are.

Two Different Ways of Being Modern

Roberto Collovà

If the notion of modernity has any meaning, it must inevitably be related to that of multiplicity and so there cannot be a single way of being modern.

Finally, there were three works to be considered for the prize, each one modern as far as I was concerned, but for different reasons: the Esplanade and Photovoltaic Plant by José Antonio Martínez Lapeña and Elías Torres in Barcelona, the Municipal Stadium by Eduardo Souto de Moura in Braga and the Netherlands Embassy by OMA / Rem Koolhaas and Ellen van Loon in Berlin.

The esplanade project is an inspired, nimble way of entering into the ambiguity that has gradually grown up over the last few years between architecture and sculpture. This work does not abandon its specific terrain but can nonetheless be interpreted as a gigantic sculpture to rival the colossi of ancient times. We might say that it simultaneously represents instability and the search for balance, that it's a response to a modern building's precise energy plan, and that it cleverly uses the positioning and bulk so typical of constructions that are meant to be *sighted from* the sea.

It is one of those ambiguous spaces resulting from the contemporary dissolution of public space in favour of other, less defined spaces with a greater wealth of possibilities, consolidating a range of identities depending on the moment and the event in question.

In spite of its great interest, however, Martínez Lapeña and Torres' work suffered from a kind of natural exclusion, like surrendering the field in order *to hold* a confrontation. A confrontation in which, incidentally, this work could have slightly altered the radicalism of the Jury's predominant orientation, bringing about a more specifically architectural and perhaps less ideological discussion.

But the main theme regrettably slipped towards one of those many common places or conflictive definitions that exist today in the field of architecture as culture closely linked to contemporariness; in this case the contrast between innovation and contextualism.

This confrontation therefore radically opposed the Netherlands Embassy and the Braga Stadium, these being the results of two lines of conduct of which only the former employed *innovation* and, subsequently and almost automatically, the main quality of modern architecture.

Someone said of the Braga Stadium: *it's like a building from the 60s,* unintentionally revealing an evolutionist or even stylistic interpretation of architecture. I would therefore like to talk here of the arguments that the concepts of both buildings seem to construct, to look for a specific and relatively objective field of confrontation.

Both buildings establish very strong relations with their setting; the first by means of integration within the dense city structured into apartment blocks and the second by constructing an authentic *landscape*.

The Netherlands Embassy complies with a whole series of operations. The first is the work carried out on the system of city blocks, the usual adding and reconstructing in the area of the missing part, which opposes those typical themes that propose the need to complete a system by means of an inspired syntactic variation, solidly anchoring a new complex fragment within this system.

The project's organisation is therefore thoroughly urban in nature. The Embassy programme is decomposed, repositioning the part that provides services and the part that receives them in the system's grid, as *members* of the island of homes, in such a way as to form a jointed or articulated building.

This generates an abstract urban ground plan, where a narrow L-shaped body, constituting the perimeter of a broad concavity, holds a compact *object*, in an asymmetric position, appearing as a wonderful pavilion.

On the basis of this anchoring in the city, the project simultaneously challenges all the classical themes of Le Corbusier's propaganda: dematerialisation, stereometry, free façades, transparency... and, among all these, the *promenade*, which is given the role of organising the Embassy pavilion.

The *promenade* concept interconnects with that of the ground plan variations. Even when I first glanced at these plans, it seemed as if I was looking at the fragments of a small medieval town. These two marvellous drawings, perfectly tracing the lineal development of the ground plans and sections of all the levels, illustrate the intention of this conceptual and historical vision of *promenade*, which crosses the whole pavilion from the ground floor to the terrace. With this terrace, which also helps to create the rising trajectory over the urban views, the already strong relationship with the city is consolidated. In this way, the city enters the building twice and the building virtually extends its internal infrastructure inside the city, thereby refashioning it to a certain extent in the eyes of visitors. Rem Koolhaas and Ellen van Loon take the Le Corbusier *promenade* discourse to its ultimate physical and virtual consequences. Like Le Corbusier and many other architects of the Modern Movement, they bring the city into the building, but without eschewing the ornamental (as in the Obus Plan).

From the *promenade*, the discontinuity of the routes can be observed and the inaccessibility of many parts of the building can be identified, as well as their separation and hierarchy. The Embassy programme is actually rigid, like a safe with a lot of compartments, and the *promenade* fulfils the role of apparently abolishing distances and inaccessibility.

With this aim in mind, and in terms of representative space, the building acheives the opposite and probably in relation to the Embassy programme, takes on a reticular and diffuse panoptic shape.

There is even a voyeuristic component in this trajectory that allows one to spy, so to speak, from above, diagonally, as if through a coloured filter; we see people passing by and they see us while we pass by but it is difficult to actually meet up and one has the impression of not being able to enter anywhere except by indirect means.

The building's other qualities have a certain nostalgia, albeit ironic, for an assortment of figures from the past. The doors obstinately conserve the thickness of the walls they interrupt, as if to mock the impenetrability of the offices and the image of enduring construction...

The powerful reference to industrial architecture produces a laconic image, given the type of parts and communications, designed as conveyor belts and tubs for humans, the use of modest materials and the unconventional nature of the spaces.

The use of commonplace materials is almost always associated with details striving to be ordinary or deliberately offhand. There is no design; all is Spartan.

In counterpart to this laconic nature is the dematerialisation produced by the disappearance of artificial light. The daytime volumetry decomposes at night with the microperforated facings projecting other forms. When the lighting conditions change, the meaning of the modest materials also changes; this unstable quality is responsible for the beautiful appearance of the building, although the *gold* metallic facings of the Sharoun buildings, whose brilliance and texture are ever reminiscent of classical domes, have been reduced here to grey.

All these operations are surprising to some extent and, behind the modern language, there is a hidden relationship with the city that is both decorative and baroque.

We could say that the OMA building is mature in terms of its history, since it is committed to an architecture that is not built merely as a counter-idea, but from a more critical point of view and with a more delicate, almost feminine attention to the forms of balance that allow real language to be created. With this project, OMA agrees to work within the rules of the city and discovers that this is no obstacle to feeling totally free. And it could be said that the desire to give architecture a demonstrative role is lessened.

It might also be the case that this quality of mediation is the other face of the development of architectural study: on the one hand, the work of investigation and, on the other, that of projects.

And, at the same time, this integration into the city is taken to its extreme, exercising a kind of totalising and radical contextualism that ensures the building, in addition to its urban and physical ties and relations with its environment, is seen as a solid nucleus, a kind of *black hole* that selectively and rapidly captures precise fragments of images of the close and distant city; downwards, upwards, forwards, backwards and diagonally, devouring them within the densely urban ambience of its entrails. Each section of road could be virtually extended hundreds or thousands of metres outside the building, forming the lines of a true virtual baroque plan.

In my opinion, the OMA building has an extraordinary and, in some respects, perfect intelligence. And, precisely because it is literally perfect, I believe it is also saturated, that it leaves no room for contradiction, for the improper use or transgression that are so common in life. The only location where a fortuitous, unpredictable life might find its place is precisely the *promenade* but, unlike that of Le Corbusier, which proposes a journey within the building, this seems more like a space of self-representation.

I have a liking for this architecture, with its perfection that is seductive and at the same time reclusive, but perhaps the two are not contradictory.

There is a specific functional programme and a place for the Braga football stadium by Eduardo Souto de Moura. This project is conceived as a way of completing the location via the programme. This project's most interesting characteristic is the fact that we can clearly perceive how the typologies usually employed in buildings used for sport have been purified. In such cases there is usually a certain automatism that almost inevitably ties the programme to the type and image of the architecture itself.

In order to carry out this meticulous work, Souto de Moura deconstructs the usual typology of stadiums, radically analyses this and extracts the essential building elements in an absolutely abstract way that allows him to place them at the same level as the other elements, those influenced by the location, subject in turn to the same process. These operations are absolutely specific. I believe that architecture, from the physical to the virtual, consists precisely of specific operations of this type.

The deconstruction and abstraction of the stadium into fragments that coincide with the necessary functional parts, the removal of other parts, also becoming abstract, as if some element of the project already existed, through reading and interpreting. This is a kind of deconstruction that resembles the rhetorical figure of metonymy on naming the stadium by its essential parts: the terraces and the roof.

As in other projects, for example in the Pousada de Bouro, and without any sense of guilt concerning his obligation to a modern future and without fear of a past to move away from, here Souto de Moura also performs a complex surgical operation. In this case it is in terms of the environment or rather the landscape; a modern operation, an authentic graft, worthy of a world of prosthetics and transplants, of an artificial world, of old and new anatomies, somewhat monstrous if compared to the conventionalism of the norm, and therefore a truly new kind of anatomy because they are also the result of a process and a discovery.

Souto de Moura's work is generous because the author does not focus on himself but on the problem to be resolved; it is a tranquil work, taking on the exceptional and often impossible challenge of finding a new nature, unafraid of making use of what has already been said to say it again, here and now, with just a slightly different nuance but one which nonetheless leads to radical changes and unusual landscapes.

All this is probably inspired by an unbiased, mythical interpretation of figures from afar: Greek theatre, for example, its absolute nature and, at the same time, its readiness for amputation, to find its place in a *natural* basin.

Here there is no *pleasant* harmony, there is no sacred respect for place: on the contrary, the operation reveals a certain hardness and an almost brutal mould. The contact between the logic of the principles of construction and the *conditions* of the location is totally artificial but obviously not in a decorative sense, as this is not based on the demands of composition but on the combination of elements and parts taken and found and on making use of minimum resources, with the absolutely modern conviction that anything is possible. Here there is no ideology.

Finally, or perhaps rather firstly, there is an elemental idea, a simple building principle like the lever, three sections in the form of three sheets or leaves that are almost self-supporting, like an archaic shelter, like Le Corbusier's tent.

It is a pleasing thought that, in these virtual times, our lives are still aided, as in the middle ages, by levers, wheels and counterweights.

This is not a question of a flight towards engineering, although it is an engineering problem; it is merely a question of resorting to a principle and to a situation of balance that, at one and the same time, establishes a stable construction but one based on a precarious, dynamic balance.

But this building, which rejects the usual limits of its peers, on the one hand melts into the near and distant landscape and, on the other, has cavernous, archaic internal spaces like industrial and technical grottos, Spartan like those of a nuclear base, evocative and architectural like Piranesi's Prisons. The bases of its unfinished pillars, feeding the imagination as if it were an excavation or a building under construction.

Someone once said "the absence of limits means that the clamour of the public is lost ...". It is possible; we visited the building when it was empty. But I can imagine the sound of a place like that, amid the shouts of an archaic battle and the reverberation of the rhythms of a rock concert. New sounds, unusual for a stadium.

And the urban façade, gigantic in size, that seems about to fall onto the square at any moment. Spaces and situations apparently reminiscent of the *shape of the world* *"suspended... like on a balcony... leaning over a balustrade ... on other balconies or in theatre boxes above or below ..."* as described by Italo Calvino, imaginary in the sense that they spark the imagination which, as he said, *"...is a place where it's raining inside..."* and intricate internal stairways that bring to mind the infinite colours of the people who will populate them.

The University Library is an addition to the new university complex in the city of Utrecht. In any library, the storage of books and other light-sensitive items requires closed spaces, while the study space for students and researchers requires openness. Its organisation seeks to reconcile such a paradoxical requirement of a university library in an ingenious manner. The closed volumes of the depots are suspended like opaque clouds in the air, yet the open structure gives visitors an experience of spaciousness and freedom. Patterns of leaves are printed onto the glazed façades to create the sense of a building in the woods and to reduce sunlight penetration.

From the main entrance, a wide staircase leads to the auditorium and exhibition space, and then continues further to the actual library area on the first level. Beyond the entrance gateways is the large lending area with the central desk. The void here rises to the very top of the building. Next to the void are the main staircases and elevators. These give access to all the reading rooms above and below. Next to the library, along the full length of the eastern side, a patio separates the library from the parking facilities and provides daylight on all sides. Located on the patio is the terrace of the reading café on the ground level. The parking facilities include a five-level garage and a separate bicycle shed.

University Library Utrecht (UBU)
Utrecht, The Netherlands
Wiel Arets / Wiel Arets Architect & Associates

Credits   Client: Universiteit Utrecht. Project team: Wiel Arets, Harold Aspers, Jacques van Eyk, Dominic Papa, René Thijssen, Frederik Vaes, Jan Vanweert, Henrik Vuust. Collaborators: Pauline Bremmer, Harold Hermans, Guido Neijnens, Michael Pedersen, Vincent Piroux, Michiel Vrehen, Richard Welten. Models: Pedro Anão, Nick Ceulemans, Mai Henriksen, Carsten Hilgendorf, Kees Lemmens, Rob Willemse. Contractors: Heijmans-IBC Bouw / GTI Utiliteit Midden / Permasteelisa Central Europe. Structural engineer: ABT Adviseurs in Bouwtechniek. Building management: Wilimas Bouwadviseurs. Building services consultant: Huygen Installatieadviseurs. Building physics consultant: Cauberg-Huygen Raadgevende Ingenieurs; Adviesbureau Peutz & Associates. Consultant: Adapt 3D. Landscape Architect: West 8. Interior design: Wiel Arets Architect & Associates. Production: Quinze (furniture and desks); Vitra (chairs and tables). Façade print: Kim Zwarts, photographer.

1984 Office of Wiel Arets Architect & Associates established in Maastricht

Wiel Arets
1955 Born in Heerlen, The Netherlands
1983 Diploma in Architecture, Technische Universiteit (TU), Eindhoven
1986-89 Professor, Academie van Bouwkunst, Amsterdam and Rotterdam
1988-92 Diploma Unit Master, Architectural Association, London

1991-92 Visiting Professor, Columbia University, New York
1995-2003 Dean, Berlage Institute, Amsterdam
2000 Mies van der Rohe Chair, ETSAB, Barcelona
2001-09 Berlage Chair, Faculty of architecture, TU, Delft
2004-2020 Professor, Universität der Künste, Berlin

Awards and Distinctions / Premios y distinciones
1987 Victor de Stuers Award: Beltgens Fashionshop
1988 Charlotte Köhler Award
1989 Rotterdam Maaskant Award
1991 Edmund Hustinx Award
1995 Concrete Award: Maastricht Academy of Arts and Architecture
1998 UIA nomination: Maastricht Academy of Arts and Architecture
2005 Nederlandse Bouwprijs and Nationale Renovatieprijs: Glaspaleis Heerlen

Major Works / Principales obras
1989 Zalmhaven Apartment Towers, The Netherlands
1993 Academy of Art and Architecture, Maastricht
1995 AZL Pensionfund Headquarters, Heerlen
1999 Lensvelt Office and Factory, Breda, The Netherlands
2001 Hedge House, Wijlre, The Netherlands

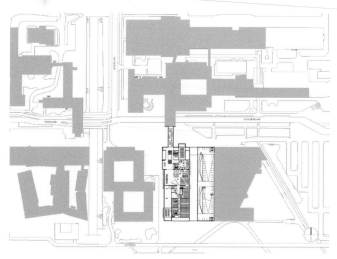

SITE PLAN

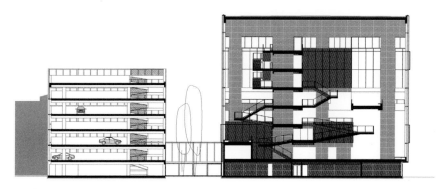

SECTION

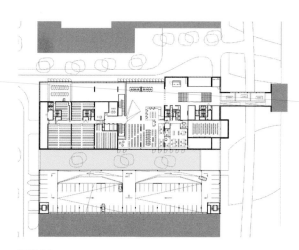

PLAN LEVEL 1

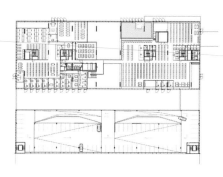

PLAN LEVEL 6

Biblioteca de la Universidad de Utrecht (UBU) Utrecht, Países Bajos
Wiel Arets / Wiel Arets Architect & Associates

La biblioteca de la Universidad es una adición al nuevo complejo universitario de la ciudad de Utrecht. En cualquier biblioteca, mientras por una parte el almacenamiento de los libros y otros artículos sensibles a la luz requiere unos espacios cerrados, el espacio de estudio para investiga-dores y estudiantes requiere apertura. La organización interna del proyecto busca conciliar de forma ingeniosa los requisitos tan paradójicos de una biblioteca universi-taria. Aunque los volúmenes cerrados de los almacenes se hallen suspendidos en el aire a modo de nubes opacas, la estructura abierta ofrece a los visitantes una experiencia de espacios amplios y libertad. Sobre las fachadas acris-taladas se han impreso unas formas de hojas con el fin de crear la sensación de un edificio en pleno bosque y también para atenuar la penetración de la luz del sol.

Desde la entrada principal, una amplia escalinata conduce hasta el auditorio y el espacio de exposiciones para continuar luego hacia la biblioteca propiamente dicha que se halla en la primera planta. Más allá de las puertas de entrada está la amplia zona de préstamos con un mostrador central.
El vacío aquí se eleva hasta la parte más alta del edificio. A continuación aparecen las escaleras principales y los ascensores que permiten acceder a todas las salas de lectura que se hallan a un nivel superior o inferior. A lo largo del lado este, un patio separa la biblioteca del aparcamiento y proporciona luz natural en todas partes. En dicho patio se ubica la terraza del café de lectura, de la planta baja. El aparcamiento incluye un garaje con cinco niveles y un cubierto separado para bicicletas.

Tourism has become common in the everyday life of Antalya and has become even more demanding due to new investments that have been made both in the city and its surroundings. The enormous dynamism that characterises consumer tourism has resulted in the development of 'alternative' images and attractions in order to continue stimulating the number and frequency of visitors. Moreover, postmodernity has blurred social and cultural territories causing them to be understood in a rather superficial manner. In this sense, the Minicity Model Park – where 1:25 scale models of specific buildings in Turkey are exhibited – is an attractive tourist scenario in that it promotes the consumption of signs and images instead of the experience of the authentic culture. In an era in which the relationship between representation and reality is becoming more and more dubious, the dilemma between what would remain open or enclosed became the main basis for the design. In accordance with the dictates of the project's investor, while the park had to attract the consumer tourist by being a place that is highly visible, the displayed models had to be inconspicuous from the outside.

Utilising unconventional structural methods, the long interface on the south between the park and the public space was formed by a series of shells that act as both an essential separator and a cover. Visual transparency for the building is created by intermittent extensions of the inner space that puncture the shells, becoming exterior terraces. The block on the west edge, which is elevated from the ground, was designed as an element that silently separates the building from the street. It contrasts with the expressiveness of the shell on the south, wavering between being a border that defines – or not – the inside from the outside.

Minicity Model Park Antalya, Turkey
Emre Arolat / EAA - Emre Arolat Architects

Credits Client: Antalya Metropolitan Municipality. Collaborators: Gezin Evren, Elif Karaelmas, Çagri Yilmaz, Orhun Ülgen. Structural engineering: Birim Engineering and Construction Company. Mechanical engineering: Gn Proje Mechanical Engineering. Electrical engineering: Hb Teknik Electrical Engineering Project and Consulting Services. Construction company: Ermet Construction.

2004 Office of Emre Arolat Architects established in Istanbul

Emre Arolat
1963 Born in Ankara
1986 Diploma in Architecture, Mimar Sinan Üniversitesi (MSU), Istanbul
1992 Msc in Architecture, MSU
1998 Professor, Uludag Üniversitesi, Bursa, Turkey
2001 Professor, Kültür Üniversitesi, Istanbul

2004 Professor, Yildiz Teknik Üniversitesi, Istanbul
2005 Master Class Professor, Bilgi Üniversitesi, Istanbul

Major Competitions /
Principales concursos
1998 1st Prize: Central Bank of Turkey Headquarters, Istanbul
1998 1st Prize: TED Ankara College Campus
1998 1st Prize: ITKIB Technopark Complex
1999 1st Prize: Dalaman International Airport
2001 3rd Prize: Istanbul City Hall

Awards and Distinctions /
Premios y distinciones
2000 New Explorations in Architecture Award: Aksay Marines Headquarters, Istanbul
2000 New Explorations in Architecture Award: Akayteks Factory Renovation, Istanbul
2002 National Architecture Exhibition, Building Award: ITKIB Technopark Complex
2002 National Architecture Exhibition, Project Award: Housing Complex, Aomori, Japan

2004 National Architecture Exhibition, Project Award: Hotel and Residential Complex, Mahdia, Tunisia

Major Works / Principales obras
1998 ITKIB Technopark Complex, Istanbul
1999 Dalaman International Airport, Mugla, Turkey
2002 Renovation of Entrepot Royal, Brussels
2004 Santral Istanbul, Art and Science Museum, Istanbul
2004 Lara Kervansaray Hotel, Antalya

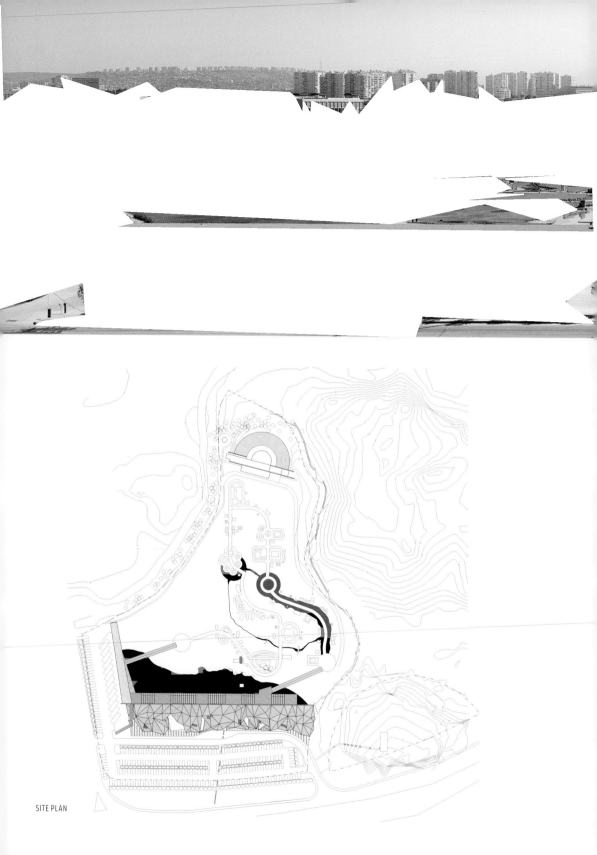

SITE PLAN

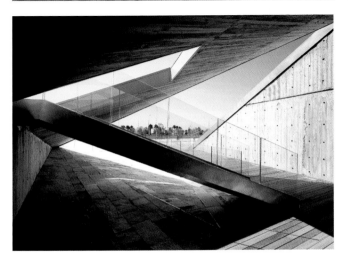

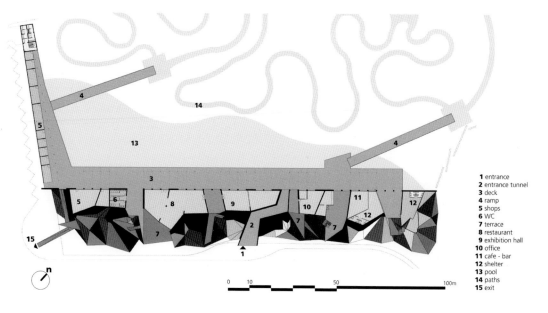

GROUND FLOOR PLAN

1 entrance
2 entrance tunnel
3 deck
4 ramp
5 shops
6 WC
7 terrace
8 restaurant
9 exhibition hall
10 office
11 cafe - bar
12 shelter
13 pool
14 paths
15 exit

0   10   50   100m

n

TUNNEL SECTION

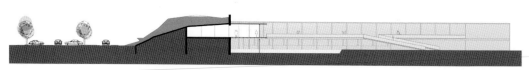

DECK SECTION

Minicity Model Park Antalya, Turquía
Emre Arolat / EAA - Emre Arolat Architects

El turismo ha pasado a formar parte de la vida cotidiana de Antalya y se ha convertido en algo incluso más exigente debido a las recientes inversiones realizadas tanto en la propia ciudad como en sus alrededores. El enorme dinamismo que caracteriza al turismo de consumo ha dado lugar a la aparición de imágenes y atracciones 'alternativas' para seguir aumentando el número y frecuencia de visitantes. Además, la post-modernidad ha desdibujado los límites entre el ámbito social y el cultural que se entienden ahora de una forma más bien superficial. En este sentido, el Minicity Model Park –en el que se exponen maquetas a escala de 1:25 de algunos edificios singulares de Turquía– constituye un escenario turístico muy atractivo ya que fomenta el consumo de signos e imágenes en lugar de insistir en la experiencia de la verdadera cultura. En una época en la que la relación entre la ficción y la realidad se enturbia cada vez más, el dilema entre lo que debe mantenerse abierto o cerrado se convierte en la base principal del diseño. De acuerdo con los dictados del inversor en el proyecto, si por una parte el parque debía atraer al turista consumidor por tratarse de un lugar sumamente visible, por otra, las maquetas expuestas tenían que resultar invisibles desde el exterior. Utilizando unos métodos estructurales nada corrientes, la larga línea divisoria que se halla al sur entre el parque y el espacio público se creó a base de una serie de cáscaras o caparazones que actúan a la vez como elemento separador esencial y como cubierta. La transparencia visual del edificio se crea mediante una serie de ampliaciones intermitentes del espacio interior que atraviesan esos caparazones para convertirse en terrazas exteriores. El bloque que se halla en el extremo occidental y que está algo elevado con respecto al suelo, fue diseñado como elemento que sirve para separar sutilmente el edificio de la calle. Contrasta con la expresividad del caparazón del sur que duda entre ser una frontera que define –o no– el interior del exterior.

The programme for this project was to design a workshop for the manufacture of Hermès bags. In addition to being a workspace suitable for industrialised craftwork, it also needed to be a built symbol that would represent the high-quality, hand-made production that characterises the Hermès company.

This is a building that expresses confidence in the *raison d'être* of its form, construction, dimensions and even the specific character of its design, which is based on a standard framework of galvanised steel. Its component parts highlight the handcrafted concept of the building in terms of both their placement and their assembly. Organised on a platform constructed on piles driven into the sloping ground above the River Meuse, daily life in the workshop is enriched by the lay-out and the interior space, with its views of the river. A series of workshops succeed each other, corresponding to the order of the manufacturing process of Hermès products. The entrance is a nave that extends toward the river, distributing space for the offices and a restaurant. It also serves as the company's event space.

The building's design is based on a unit measurement of 17,40 metres, corresponding to the basic scale of each workshop. This dimension is the elementary structural span of the building, which measures 104 metres in length and 52 metres in width.

Ardennes Leather Tannery Bogny sur Meuse, France
Patrick Berger, Jacques Anziutti, architects

Credits Client: Hermès International. Collaborators: Julien Abinal, Olivier Leruth, Blandine Patriarche Remy, Marc Rousseau. Economist: Bureau Michel Forgue. Hydraulic engineering: Louis Choulet. Landscape architect: Michel Desvigne. Landscape studies: Technivert. Structural engineering: Coyne & Bellier. Climatisation: Louis Choulet.

1974 Office of Patrick Berger Architecte established in Paris

Patrick Berger
1947 Born in Paris
1972 Diploma in Architecture, Ecole des beaux-arts, Paris
1977-90 Professor, Ecole d'architecture de Saint Etienne
1979 Doctorate in Urbanism, Université Paris XII
1990-92 Professor, Ecole d'architecture de Paris Tolbiac
Since 1993 Professor, Ecole polytechnique fédérale de Lausanne
Since 1997 Professor, Ecole d'architecture de Paris Belleville

1981 Office of Jacques Anziutti Architecte established in Lyon

Jacques Anziutti
1953 Born in Lyon
1980 Diploma in Architecture, Ecole d'architecture de Saint Etienne
2002 Architect, State Council, Ministère de l'équipement, France

Major Competitions /
Principales concursos
2000 Paris Candidature for 2008 Olympic Games, Ideas Competition (P.Berger)
2002 Bird Pavilion, Parc de Collodi (P.Berger)

2003 3rd Prize: Museum of Civilizations of Europe and the Mediterraneanm Marseille (P.Berger, J.Anziutti)
2004 3rd Prize: Urban Plan for Tolbiac-Chevaleret, ZAC Paris Rive Gauche (P.Berger, J.Anziutti)

Awards and Distinctions /
Premios y distinciones (P.Berger)
1990 Equerre d'argent, Mention: Ecole d'architecture de Bretagne
1990 1st Prize, Public Architecture: Ecole d'architecture de Bretagne
1992 1st Prize, Urban Parks: Parc André Citroën
1996 Médaille d'argent de l'Académie d'architecture
2004 Grand prix d'architecture française

Major Works / Principales obras
1990 Ecole d'architecture de Bretagne, Rennes, France (P.Berger)
1992 Parc André Citröen, Paris (P.Berger)
1996 Maison de l'Université de Bourgogne, Dijon, France (P.Berger, J.Anziutti)
1999 Headquarters for Union des Associations Européenes de Football (UEFA), Nyon, Switzerland (P.Berger with J.Anziutti)
2003 Auguste Dobel Cultural Centre, Paris (P.Berger, J.Anziutti)

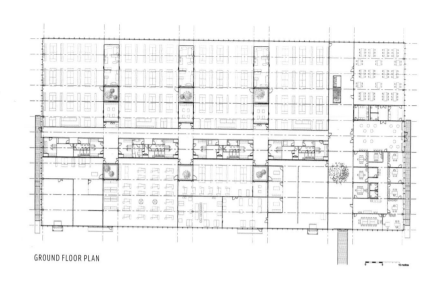

GROUND FLOOR PLAN

0   5   10 metres

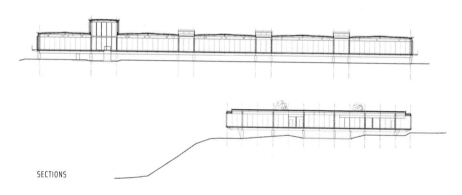

SECTIONS

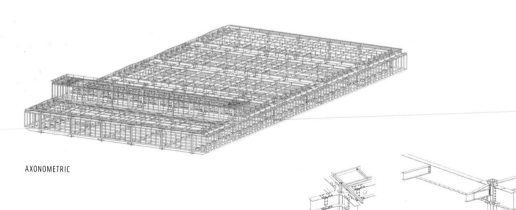

AXONOMETRIC

DETAILS

La marroquinería de Ardennes Bogny sur Meuse, Francia
Patrick Berger, Jacques Anziutti, architects

El programa de este proyecto exigía diseñar un taller para la fabricación de bolsos Hermès. Además de una nave adecuada para artesanía industrializada, el edificio debía convertirse en un símbolo de la producción artesanal de máxima calidad que caracteriza a la compañía Hermès. Este edificio demuestra confianza en la *raison d'être* de su forma, construcción, dimensiones e, incluso, del carácter concreto de su diseño, que se basa en un entramado estándar de acero galvanizado. Sus elementos constructivos destacan el concepto artesanal del edificio en relación con su disposición y montaje.

Organizada sobre una plataforma erigida sobre pilotes en un terreno inclinado situado sobre el río Mosa, la vida diaria del taller se beneficia de la distribución y el espacio interior, con vistas al río. Una serie de talleres se suceden siguiendo el orden del proceso de fabricación de los productos Hermès. La entrada es una nave que se extiende hacia al río y actúa como distribuidor de las oficinas y el restaurante. También se utiliza como salón de actos de la compañía.

El diseño del edificio se basa en unidades de 17,40 metros, unas dimensiones que corresponde a la escala básica de cada taller. Esta medida constituye la anchura estructural elemental del edificio, que mide 104 metros de largo y 52 de ancho.

Located at the foot of a hill on the southeastern edge of central Gothenburg, the site is directly adjacent to Sweden's most visited tourist attraction: the Liseberg Amusement Park. The Museum of World Culture is a new exhibition platform for the collections of the Folkens Museum Etnografiska, the Mediterranean Museum and the East Asian Museum which were situated in Stockholm, together with the Gothenburg Museum of Ethnography. The new building has an auditorium, research centre, library, restaurant and administrative offices and will also serve as a forum for international and local events. The building is a simple and compact container wherein the legacy of mankind and the contemporary are united. The strategy consists of a clearly marked difference between a solid west side containing the gallery spaces along the street and an open east side toward the hill where public activities take place. The latter will reveal the museum's rich interior to the 3 million annual visitors to the Liseberg Park as well as allow the museum's visitors to experience the exterior landscape from a variety of different vantage points.

Between the solid west and the open east is a canyon-like zone containing the building services. The public circulation weaves its way through the three elements. As one goes up inside the building, the elements which were seen from below are gradually perceived from above creating a sequence of reference points throughout the building with alternating views of the hill, atrium and museum.

Museum of World Culture Gothenburg, Sweden
Cécile Brisac, Edgar Gonzalez / Brisac Gonzalez Architects

Credits Client: Statens Fastighetsverk. Collaborators: Gordon Swapp (project director), Hector Mendoza, Turgay Hakverdi, Jacqueline L.G. Yeo, Jonathan Dawes, Lars Johan Tengner, Cora Kwiatkovski, Antonio Ramirez, Gianluca Racana, Victor K.E. Lee, Pierre Moser, Michelle Chakley, Michael Zinaburg. Technical architect: Frenning Sjögren. Interior design : Christopher Pfiffner, Cordula Friedlander, Gordon Swapp, Ambrose Gillick, Sarah Manning, Rosemary Pattison, Zahira Naser. Construction manager: Projektgaranti. Concrete construction: PEAB (lower ground and piling), NCC Construction. Structural engineering: Anthony Hunts Associates / Les Postawa; Flygfältsbyrån / Mats Franzon. Mechanical engineering: Bengt Dahlgrren / Berth Olsson. Enviromental engineering: Battle McCarthy / Guy Battle. Electrical: Anders Hansson WSP. Steel: Härryda Stängsel & Smid. Glass atrium: Skandinaviska Glassystem. Glazing consultant: Akiboye Conolly Architects / Simon Conolly. Acoustical: Jordan Akustik - Niels Jordan. Fire consultant: Brandskyddslaget Botab. Quantity surveyors: Davis Langdon / Neil Morrison; Roger Olsson (project coordinator). Landscape architect: Algren & Bruun / Sven Algren. Lighting: Speirs & Major / Jonathan Speirs. Art: Do-Ho Suh.

1999 Office of Brisac Gonzalez Architects established in London

Cécile Brisac
1969 Born in Firminy, France
1995 Diploma in Architecture, Architectural Association (AA), London
1996 Visiting Lecturer and Critic, AA

Edgar Gonzalez
1963 Born in Las Tunas, Cuba
1986 Diploma in Architecture (Honours), University of Florida, Gainesville
1993 Master of Science, Advanced Architectural Design, Columbia University, New York

1993 Graduate Teaching Assistant, Columbia University
1995 Visiting Critic, Florida International University (FIU), Miami
1996 Visiting Professor, FIU

Major Competitions /
Principales concursos
1996 1st Prize: Schellerr Areal-Dietikon, Switzerland
1999 1st Prize: Museum of World Culture
2001 Honourable Mention: Municipal Gallery of Modern and Contemporary Art Extension, Rome

2002 Honourable Mention: Uppsala Concert and Congress Hall, Sweden
2003 1st Prize, Shortlisted competition: Multi-purpose Hall, Aurillac, France
2004 Shortlisted: Historial Charles de Gaulle, Paris

Awards and Distinctions /
Premios y distinciones
2000 American Institute of Architects (AIA) London/UK Chapter: Museum of World Culture
2004 Kasper Salins Prize: Museum of World Culture

2004 Prize for First Time Exhibitor, Royal Academy: Uppsala Concert and Congress Hall and Town Hall, Stockport, United Kingdom
2004 Nouveaux albums des jeunes architects (C.Brisac)
2005 AJ Corus 40 Under 40 (C.Brisac)
2005 Excellence in Design Award, AIA London/UK Chapter: Museum of World Culture

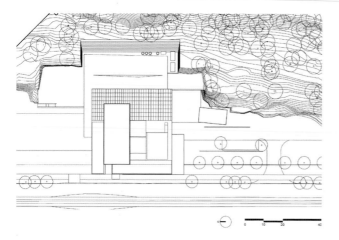

SITE PLAN

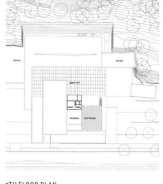

5TH FLOOR PLAN

4TH FLOOR PLAN

3RD FLOOR PLAN

2ND FLOOR PLAN

1ST FLOOR PLAN

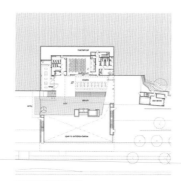

GROUND FLOOR PLAN

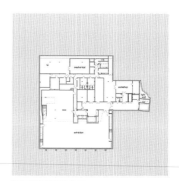

BASEMENT FLOOR PLAN

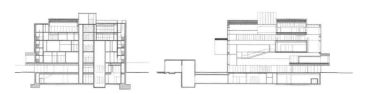

SECTIONS

Museo de las Culturas del Mundo   Gotemburgo, Suecia
Cécile Brisac, Edgar Gonzalez / Brisac Gonzalez Architects

El lugar escogido está al pie de una colina en el extremo sudoriental del centro de Gotemburgo. Se halla contiguo a la atracción turística más visitada de Suecia: el parque de atracciones de Liseberg.

El museo es una nueva plataforma de exposiciones para las colecciones del Museo Folkens Etnografiska, el Museo Mediterráneo y el Museo de Asia Oriental, todos ellos ubicados en la actualidad en Estocolmo, junto con el Museo de Etnografía de Gotemburgo. El nuevo edificio cuenta con un auditorio, un centro de investigaciones, una biblioteca, un restaurante y las oficinas administrativas. El edificio servirá también como nuevo foro para la organización de reuniones internacionales y locales.

El edificio es un contenedor sencillo y compacto donde se reúne el legado de la humanidad y lo contemporáneo. La estrategia consiste en establecer una diferencia clara entre una parte sólida al oeste que contiene los espacios de galerías a lo largo de la calle y un lado este abierto, orientado hacia la colina, donde se celebran todas las actividades públicas. Este último desvelará el rico interior del museo a los 3 millones de visitantes anuales del parque de Liseberg y permitirá, asimismo, a los visitantes del museo experimentar el paisaje exterior desde una serie de puntos estratégicos.

Entre el sólido lado occidental y el oriental abierto se halla una zona tipo cañón que contiene los servicios del edificio. La circulación del público serpentea por los tres elementos. Al subir por el edificio, los elementos que se veían desde abajo se van percibiendo gradualmente desde arriba, creando una secuencia de puntos de referencia por todo el edificio, con vistas que van alternando hacia la colina, el atrio o el museo.

This project demonstrates that the careful choice of inexpensive materials combined with the innovatory use of new products can create domestic architecture of real quality at very low cost. It also shows that it is possible to design a building in the context of the bodged 'squatter architecture' that typifies Dungeness Beach that both re-invigorates this tradition and captures the unique spirit of the place. Although this project started life as a conversion, by the time it was finished 75% of the fabric was effectively new build. This reflects the fact that when the original roofing and cladding were removed the softwood framework behind was found to be virtually non-existent, and it is something of a mystery how the building had not previously been blown away by winter storms.

The original building, which was the product of a series of changes and extensions since it was built as a fisherman's hut in the 1930s, was re-structured, extended to the south and east to capture the extraordinary views, and clad both internally and externally in Wisa-Spruce plywood. This plywood, chosen specifically because it comes from managed forests in Finland, provides all the internal finishes including walls, floors, ceilings, doors and joinery.

Externally both walls and roof are clad in black rubber, a technically more sophisticated version of the layers of felt and tar found on many local buildings. The bath is cantilevered out over the beach giving dramatic views to the sea.

Internally priority was given to maximising the living areas and the house only has one small bedroom. Visitors are accommodated in a 1954 Airstream caravan parked next to the house, the silver of the aluminium caravan providing a striking visual contrast to the black rubber.

The project is the first to use EPDM (ethylene propylene diene monomer) rubber waterproofing to clad an entire building. One of the characteristics of the beach environment is the constant wind and this, in combination with the black rubber cladding, combines to provide an energy efficient internal environment. In summer windows on opposing sides of the house are left open to provide positive cross ventilation which effectively dissipates the potential heat gain through the black rubber. In winter the windows are generally closed and the black rubber acts as a heat sink with the result that the use of the back-up heating system is minimised.

Vista Dungeness, Kent, United Kingdom
Simon Conder / Simon Conder Associates

Credits Collaborators: Chris Neve (Project Architect). Contractor: Charlier Construction. EPDM Sub-Contractor: AAC Waterproofing. Structural Engineer: KLC Consulting Engineers.

1984 Office of Simon Conder Associates established in London

Simon Conder
1947 Born in London
1972 Diploma in Architecture, Architectural Association, London
1975 Master of Design, Royal College of Art, London
1986-2005 Visiting Lecturer: Brighton, Kingston upon Thames, London, Wolverhampton, Worcester, in UK and Osaka, Tokyo in Japan

Major Competitions / Principales concursos
1983 1st Prize, RIBA Open Architectural Competition: Stradbroke Rural Workshops, Suffolk, United Kingdom
1986 1st Prize, Limited Architectural Competition: Willis Faber's new offices, Ipswich, Suffolk
1987 1st Prize, RIBA Open Architectural Competition: Folkestone Port Area, Kent, United Kingdom
1992 1st Prize, Limited Architectural Competition: Office Headquarters, York, United Kingdom

2003 1st Prize, Limited Architectural Competition: New Housing, London

Awards and Distinctions / Premios y distinciones
1999 Rural Design Award: Georgina von Etzdorf Workshop
2002 D&AD Silver Award: Yo! Below Bar, London
2004 RIBA Stephen Lawrence Award: Vista
2004 American Institute of Architects London/UK Chapter: Vista
2004 D&AD Silver Award: Vista

Major Works / Principales obras
1995 Masterplan, University of North London
1999 Georgina von Etzdorf Workshop, Odstock, Wiltshire, United Kingdom
2004 18 Live/Work Units, London
2004 New House, Devon, United Kingdom
2005 New Sustainable Community, Leeds, United Kingdom

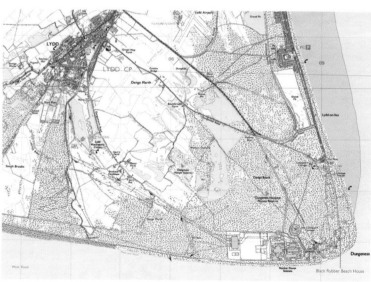

LOCATION PLAN

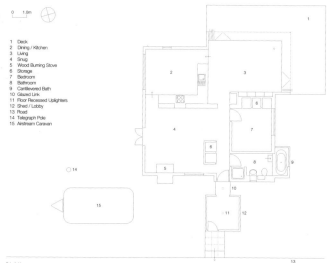

0 1.0m

1 Deck
2 Dining / Kitchen
3 Living
4 Snug
5 Wood Burning Stove
6 Storage
7 Bedroom
8 Bathroom
9 Cantilevered Bath
10 Glazed Link
11 Floor Recessed Uplighters
12 Shed / Lobby
13 Road
14 Telegraph Pole
15 Airstream Caravan

PLAN

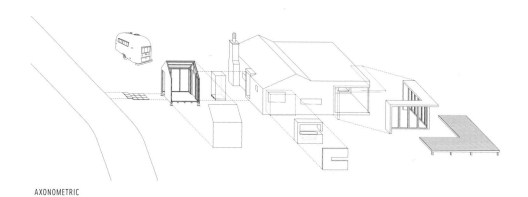

AXONOMETRIC

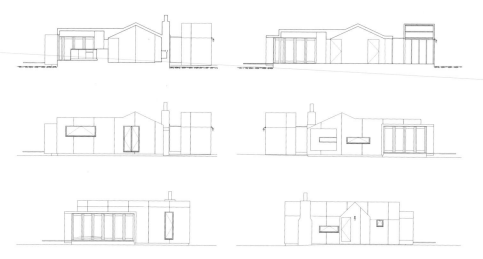

SECTIONS AND ELEVATIONS

Vista Dungeness, Kent, Reino Unido
Simon Conder / Simon Conder Associates

Este proyecto demuestra que la selección cuidadosa
de unos materiales de bajo coste, combinado con el uso
innovador de nuevos productos, puede contribuir a crear
una arquitectura doméstica de verdadera calidad a un coste
bajísimo. Demuestra, asimismo, que es posible diseñar un
edificio dentro del contexto de la chapucera 'arquitectura
de las chabolas' que caracteriza la playa de Dungeness,
que viene a reforzar esta tradición y captar, a la vez,
el espíritu singular del lugar.

Aunque este proyecto iniciara su singladura como proyecto
de transformación, para cuando se hubo acabado, el 75%
de la estructura era de nueva construcción. Ello refleja
el hecho de que cuando se eliminaron la cubierta y el revestimiento original, la estructura de madera blanda
que estaba por detrás era prácticamente inexistente,
y resulta un tanto sorprendente que el edificio no hubiera
sido derribado antes por la fuerza del viento en las
tormentas invernales.

El edificio original, producto de una serie de cambios
y ampliaciones desde que se construyó como cobertizo
de un pescador en los años 30 del siglo pasado, fue re-
estructurado, ampliado hacia el sur y hacia el este para
captar las extraordinarias vistas, y revestido en su interior
y exterior con contrachapado Wisa-Spruce. Este material,
escogido especialmente porque procede de los bosques
controlados de Finlandia, se utiliza para todos los acabados
internos incluyendo paredes, suelos, techos, puertas y
marcos. En la parte exterior, las paredes y la cubierta están
revestidas de caucho negro, una versión técnicamente más
sofisticada que las capas de fieltro y alquitrán utilizadas
en muchos edificios locales. El baño se extiende en voladizo
hacia la playa, ofreciendo vistas espectaculares del mar.
En el interior se dio prioridad a maximizar las zonas
de estar, y la casa tiene tan sólo un pequeño dormitorio.
Los visitantes se alojan en una caravana Airstream
de 1954 aparcada junto a la casa. El color plateado de dicho
remolque proporciona un contraste visual muy llamativo
frente al caucho negro.

Este proyecto ha sido el primero en utilizar caucho
de MDPE (monómero dieno de propileno etileno) para
impermeabilizar y revestir la totalidad del edificio.
Una de las características del ambiente de playa es
el viento constante y ello, combinado con el revestimiento
de caucho negro, proporciona un interior energéticamente
eficiente. En verano, las ventanas de los lados opuestos
de la casa se mantienen abiertas para proporcionar una
corriente de aire que contribuye a disipar de forma muy
eficaz la posible ganancia de calor debido al caucho negro.
En invierno, las ventanas suelen estar cerradas y el caucho
negro actúa a modo de tanque de calor minimizando así
el uso del sistema de calefacción de refuerzo.

Located in the centre of Graz, this museum for contemporary art was opened in September 2003, the year in which the city was designated the 'European Cultural Capital'. Its remarkably well-preserved historical centre, dating primarily from the Renaissance and Baroque eras, has resulted in its classification by UNESCO as a 'World Heritage City'. The building's external appearance is highly iconic with its striking 'biomorphic' geometry and blue acrylic skin that establishes a deliberate contrast with this historical fabric. Yet, paradoxically, the project was conceived to fit quite smoothly, in terms of its scale and urban activities, within its surrounding environment, hence its nickname of 'the friendly alien'.

The museum does not have a permanent art collection and so the building is designed internally as a flexible multipurpose platform that can be reconfigured for each temporary exhibition. The general design concept is a simple one, consisting essentially of two main exhibition spaces: a top deck which offers partial natural lighting provided by a number of north-facing skylights (referred to as 'nozzles') and an artificially lit lower deck used mainly for multimedia installations.

These two decks are raised above ground and wrapped in a continuous double-curved surface that spans over the upper deck, down the sides as well as under the belly of the lower deck, thus blurring the customary typological distinction between roof, walls and floor. The skin provides protection of the building from the external environment, allows some natural light and outside views, and also acts as an electronic display system that can be programmed to show text, fixed images, animations or video. The new structure is connected by means of two bridges with the 'Eiseneshaus', a listed 19th century cast-iron building that has been rehabilitated and converted to house the museum shop, an electronic media centre, administrative offices as well as a photographic gallery, and is therefore fully integrated functionally with the new building. Circulation is provided by means of a low-pitched one-way (up only) travelator that leads the public from the ground floor (which contains the foyer, bar/restaurant and event space), up to the two exhibition decks. Two cores contain the vertical circulation: the north core contains stairs and the main goods lift for the art work, while the south core contains stairs and a public lift which also lead to an upper-level space known as the 'needle', a totally glazed 40-metre-long gallery that is suspended on the skin of the building and offers spectacular views of the River Mur and of the city and mountain landscape beyond.

Kunsthaus Graz Graz, Austria
Peter Cook, Colin Fournier / Cook Fournier Architects

Credits Client: City of Graz (Kunsthaus Graz AG). Design Team: Dietmar Ott (project manager), Gerhard Eder (technical coordination), Niels Jonkhans (project architect/design manager), Peter Löcker, Gernot Stangl (3D design). Local Partner office in Graz: Architektur Consult ZT GmbH / Herfried Peyker (partner in charge). Structural engineer: B+G Ingenieure Bollinger und Grohmann GmbH, Frankfurt / Klaus Bollinger (partner in charge). Climatisation: TB Käferhaus / Jochen Käferhaus; HL Technik / Klaus Daniels; TB Pickl & Partner / Heinrich Pickl. Museological consultant: Bogner Cultural Consulting, Vienna / Dieter Bogner, Barbara Feller. Fire and safety consulting: Gerhard Düh, Vienna. Bix façade electronic display system: Realities: United, Berlin / Jan Edler & Tim Edler. Lighting: Kress & Adams Atelier für Lichtplanung, Köln / Günter M. Adams, Hannelore Kress-Adams. Construction supervision: Architektur Consult ZT GmbH / Joachim Riedl.

1999 Office of Cook Fournier Architects established in London
2000 Office of Spacelab Cook-Fournier GmbH established in Graz
2004 Awards Kunsthaus Graz: RIBA Award and Stirling Prize (shortlisted)

Peter Cook

1936 Born in London
1960 Diploma in Architecture, Architectural Association (AA), London
1961 Co-founder, Archigram
1970-72 Director, Institute of Contemporary Arts, London
1972-80 Director, Art Net, London
Since 1984 Professor, Staedelschule, Frankfurt
Since 1990 Chair of Architecture, Bartlett School of Architecture, London
Visiting Professor, Critic and Lecturer at numerous international universities including: MIT, UCLA, Harvard, Tokyo, Oslo, Moscow, Rice, Queensland, Berlin, Haifa, Madrid, Aarhus, Berkeley, Princeton, Yale, Rome

Major Competitions /
Principales concursos
1961 1st Prize: Housing for Elderly, London
1970 1st Prize: Entertainment Centre, Monte Carlo (with Archigram)
1980 1st Prize in two categories of house-type: Solar-energised Housing, Landstuhl, Germany (with Christine Hawley)
1984 5th Prize: Information Museum, Frankfurt
1995 1st Prize: Pfaffenberg Museum, Bad Deutsches Altenberg, Austria (with C.Hawley)

Awards and Distinctions /
Premios y distinciones
1999 UIA Jean Tschumi Prize
2002 RIBA Gold Medal (with W.Chalk, D.Crompton, D.Greene, R.Herron, M.Webb/Archigram)

Major Works / Principales obras
1992 Lützowplatz Housing Block, Berlin (with C.Hawley)
1990 Botanical Gardens Pavilion, Osaka (with C.Hawley)
1995 Cantine, Staedelschule (with C.Hawley)

Colin Fournier

1944 Born in London
1965-67 Work with Buckminster Fuller
1969 AA Dipl (Hons) Architecture and Town Planning, AA
1970-74 Diploma Unit Master, AA
1970-74 Associate member, Archigram Architects, London
1975-84 Planning Director, The Ralph M Parsons Company, Pasadena, California
1984-87 Partnership with Bernard Tschumi
1987-99 Founder, Colin Fournier Architects
Since 1996 Professor of Architecture and Urbanism, Bartlett School of Architecture
Visiting Professor, External Examiner, Critic and Lecturer at numerous international universities including: Royal College of Art, Royal Melbourne Institute of Technology, Columbia University, UCLA, TU Innsbruck

Major Competitions /
Principales concursos
1970 1st Prize: Entertainment Centre, Monte Carlo (with Archigram)
1987 Co-winner: 'Le Symbole France-Japon' Bay of Tokyo, Phase 1
1988 3rd Prize: 'Le Symbole France-Japon' Bay of Osaka-Kobe, Phase 2
1993 1st Prize: Information Concept, Federal Office of Statistics, Neuchatel, Switzerland

Awards and Distinctions /
Premios y distinciones
1969 SADG Medal (Societe des architectes Diplomes par le Gouvernement), France

Major Works / Principales obras
1980 New Town of Sikda, Algeria
1984 New Town of Yanbu, Kingdom of Saudi Arabia
1987 Parc de la Villette, Paris (in partnership with Bernard Tschumi)
1999 Public Spaces for the Bundesamt für Statistik, Neuchatel, Switzerland

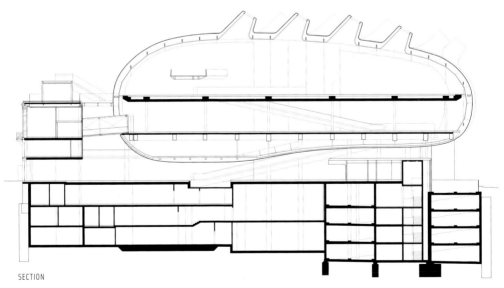

SECTION

SITE PLAN

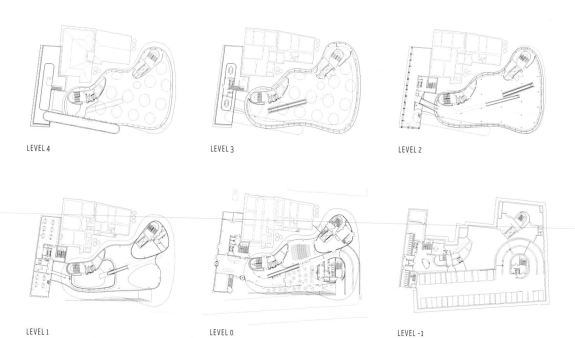

LEVEL 4

LEVEL 3

LEVEL 2

LEVEL 1

LEVEL 0

LEVEL -1

Kunsthaus Graz Graz, Austria
Peter Cook, Colin Fournier / Cook Fournier Architects

Ubicado en el centro de Graz, este museo de arte contemporáneo abrió sus puertas en septiembre de 2003, año en el que esta ciudad fue nombrada 'Capital Cultural Europea'. Su centro histórico, extraordinariamente bien conservado, que se remonta principalmente a las épocas del Renacimiento y el Barroco, ha hecho que la UNESCO la clasificara como 'Ciudad Patrimonio de la Humanidad'. El aspecto exterior del edificio tiene mucho de icono con su llamativa geometría 'biomórfica' y su piel de azul acrílico que establece un deliberado contraste con su tejido histórico. Aún así, paradójicamente, la idea del proyecto era la de encajar con facilidad, en cuanto a su escala y actividades urbanas, dentro del contexto circundante, de ahí su apodo de 'extraterrestre simpático'.

El museo no dispone de una colección permanente de arte y, por ello, el edificio está diseñado, en su interior, como plataforma flexible para múltiples fines, que puede reconfigurarse con motivo de cada exposición temporal. El concepto general de su diseño es sencillo y consiste, básicamente, en dos grandes espacios para exposición: un espacio superior que ofrece una luz natural parcial a través de una serie de claraboyas que dan al norte (y que se denominan 'boquillas') y un espacio inferior dotado de iluminación artificial, principalmente utilizado para instalaciones multimedia.

Estos dos espacios se elevan por encima del nivel del suelo y se hallan como envueltos por una superficie continua de doble curvatura que pasa por encima de la plataforma superior, por los lados y por debajo del vientre de la plataforma inferior, desdibujando así la clásica distinción tipológica entre cubierta, muros y suelo. Esa piel protege al edificio del entorno externo, permite que entre algo de luz natural y que desde dentro se vea el exterior y actúa, asimismo, a modo de sistema de visualización electrónico que puede programarse para mostrar texto, imágenes fijas, imágenes animadas o video.

La nueva estructura se conecta mediante dos puentes con el 'Eiseneshaus', edificio de hierro forjado del siglo XIX, catalogado, que ha sido rehabilitado y transformado para albergar la tienda del museo, un centro de medios electrónicos, las oficinas administrativas y una galería fotográfica, y que desde un punto de vista funcional, se halla plenamente integrado en el nuevo edificio.

La circulación se realiza mediante una cinta móvil de un solo sentido (ascendente) de poca pendiente que traslada al público desde la planta baja (que alberga el vestíbulo, la cafetería/restaurante y un espacio para actos varios) hasta los dos espacios de exposiciones. Dos núcleos centrales contienen la circulación vertical: el núcleo septentrional contiene las escaleras y el montacargas principal para las obras de arte, mientras que el núcleo sur contiene escaleras y un ascensor para el público que también lleva a un espacio que se halla a un nivel superior conocido con el nombre de la 'aguja'. Se trata de una galería totalmente acristalada de 40 metros de largo que cuelga de la piel del edificio y ofrece vistas espectaculares del río Mur, de la ciudad y del paisaje montañoso del fondo.

CONCEPT Although the Arts Centre was intended as an extension of the House of Culture in Calheta (Casa das Mudas), a new autonomous building was proposed with a comprehensive programme of exhibition areas, auditorium, library, mediateque, shop/bookshop, cafeteria, restaurant, administration offices, art workshops and parking facilities. This concept generated a facility with unique characteristics that would allow for the exhibition of contemporary art as well as the presentation of diverse cultural events and activities.

PROPOSAL The starting point for the design was to restore the site as it was prior to the construction of several single-family housing units that supported the neighbouring school, but which had also lead to a spatial segregation between the land and Casa das Mudas. Several approaches were used such as: the introduction of a large front for the building; the leveling of the rooflines to a lower height; and extending the complex along a north-south longitudinal axis. This axial development aligned the new intervention with the old Casa das Mudas, thus enhancing it, whilst also merging the Arts Centre with the landscape. The main central access is via a wide stone-paved ramp, which leads to a square patio from which all the functions of the programme are distributed autonomously.

DISTRIBUTION, FRAGMENTATION AND FUNCTIONALITY OF THE MAIN BLOCKS The intentionally fragmented programme allows for a layout based on independent building cells that organise the space in accordance with its multiple purposes and functions and make it possible to close the diverse public spaces when needed. The distribution system is clear and simple, in that the vertical accesses such as staircases and elevators, as well as the sanitary installations, are strategically placed near the entrance of each building cell in accordance with the respective building codes. A two-way ramp provides access to the parking lot, which is located at the lowest street level.

EXTERIOR SPACES In addition to the roof gardens, the exterior is characterised by a multitude of corners and smaller patios. These spaces allow the visitors to stroll around and relax and are also meant for the different activities planned by the Centre's curators and artistic directors, such as open-air exhibitions, concerts and performances.

Arts Centre – Casa das Mudas
Calheta, Madeira, Portugal
Paulo David / Paulo David Arquitectos

Credits <u>Client:</u> Sociedade de Desenvolvimento da Ponta do Oeste, Governo Regional da Madeira, Vice-Presidência. <u>Construction company:</u> Concreto Plano / Luis Marques. <u>Coordination:</u> Prima,Consulgal. <u>Collaborators:</u> Rodolfo Reis, Filipa Tomaz, Silvia Arriegas, Luis Spranger, Luz Ramalho, Susanne Selders, Dirk Mayer, Inês Rocha, Patricia Faria. <u>Associated architects for auditorium:</u> Telmo Cruz, Maximina Almeida, Pedro Soares / Hugo Alves, Barbara Silva, Luis Monteiro, Alexandre Batista (collaborators). <u>Structural engineering:</u> Betar / Miguel Villar. <u>Acoustical:</u> Certiprojecto. <u>Stage design:</u> Telmo Cruz. <u>Climatisation:</u> José Galvão Teles. <u>Electricity:</u> Fernando Sousa Pereira. <u>Landscape architect:</u> Proap / João Nunes. <u>Furniture design:</u> Paulo David with Susanne Selders. <u>Security:</u> António Matias. <u>Signage:</u> Atelier Paulo David. <u>Water and sewage:</u> Betar / Marta Azevedo.

1996 Office of Paulo David
Arquitectos established in
Funchal, Madeira

Paulo David
1959 Born in Funchal
1989 Diploma in Architecture,
Faculdade de Arquitectura da
Universidade Técnica de Lisboa
2001-04 Visiting Professor,
Secção Arte e Design,
Universidade da Madeira

Major competitions /
Principales concursos
2001 1st Prize: Arts Centre –
Casa das Mudas
2002 1st Prize: Salinas Swimming
Pools
2003 1st Prize: Pavilion for
Volcanism Centre and São Vicente
Caves
2004 International Maritime
Passenger Station, Funchal
Harbour

Awards and Distinctions /
Premios y distinciones
1996 City of Funchal
Architecture Prize: Creche
Primaveras
1999 *Geração 90* (traveling
exhibition): Creche Primaveras
and K2 Housing
2004 *Habitar Portugal*
(exhibition): Casa Funchal
2004 *Arquitectura e Design de
Portugal 1990-2004* (exhibition):
K2 Housing
2005 A Pedra na Arquitectura
Prize: Arts Centre -
Casa das Mudas

Major Works / Principales obras
1996 K2 Housing, Funchal
1994 Creche Primaveras
(Kindergarden), Funchal
2003 Eduardo Jesús House,
Funchal
2003 Pavilion for Volcanism
Centre and São Vicente Caves,
Madeira
2004 Salinas Swimming Pools,
Câmara de Lobos, Madeira

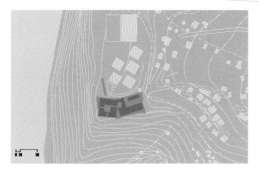

SITE PLAN

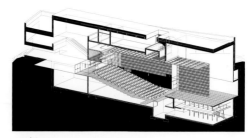

AXONOMETRIC OF AUDITORIUM

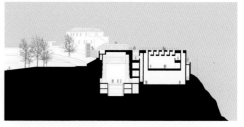

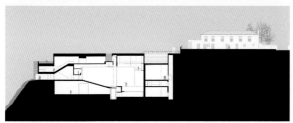

SECTIONS

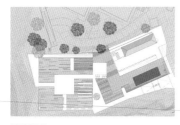

ROOF PLAN

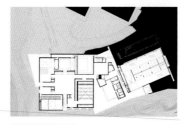

GROUND FLOOR PLAN

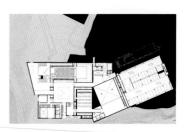

-1 FLOOR PLAN

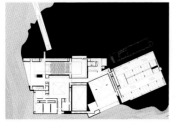

-2 FLOOR PLAN

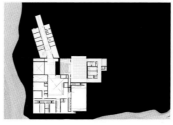

-3 FLOOR PLAN

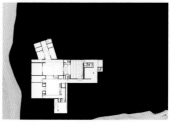

-4 FLOOR PLAN

Centro de Artes - Casa das Mudas Calheta, Madeira, Portugal
Paulo David / Paulo David Arquitectos

CONCEPTO Aunque el Centro de Arte tenía que ser una extensión de la Casa de Cultura de Calheta (Casa das Mudas), se propuso un nuevo edificio autónomo con un programa integral de zonas de exposición, biblioteca, auditorio, mediateca, tienda/librería, cafetería, restaurante, oficinas administrativas, talleres de arte y aparcamiento. Este concepto generó un equipamiento con unas características únicas para exponer arte contemporáneo y presentar diferentes actos y actividades culturales.

PROPUESTA El punto de partida del diseño era restaurar el emplazamiento tal y como era antes de la construcción de varias viviendas unifamiliares que apoyaban la escuela vecina, pero que también habían provocado una segregación espacial entre la tierra y la Casa das Mudas. Se utilizaron diferentes planteamientos: la introducción de una fachada amplia para el edificio; la nivelación de las líneas del tejado para situarlas a una altura inferior y la ampliación del complejo por medio de un eje longitudinal que iba de norte a sur. Este desarrollo axial alineó la nueva intervención con la antigua Casa das Mudas, y la realzó, al mismo tiempo que fusionaba el centro de arte con el paisaje. El acceso central principal se realiza a través de una ancha rampa adoquinada que desemboca en un patio cuadrado que distribuye de manera autónoma todas las funciones del programa.

DISTRIBUCIÓN, FRAGMENTACIÓN Y FUNCIONALIDAD DE LOS PRINCIPALES EDIFICIOS El programa intencionadamente fragmentado permite una distribución basada en células constructivas independientes que organiza el espacio según sus múltiples finalidades y funciones y que, al mismo tiempo, permite cerrar los distintos espacios públicos según conviene. El sistema distributivo es claro y simple porque los accesos verticales, como las escaleras y los ascensores, así como las instalaciones sanitarias, se han situado estratégicamente cerca de la entrada de cada célula constructiva según las normas de construcción respectivas. Una rampa de doble sentido permite acceder al aparcamiento, que se sitúa en el nivel de la calle más bajo.

ESPACIOS EXTERIORES Al margen de los jardines de la azotea, el exterior se caracteriza por el gran número de rincones y patios menores. Estos espacios permiten que el visitante se pasee y se relaje, a la misma vez que alojan las diferentes actividades organizadas por los comisarios y los directores artísticos del centro, como exposiciones, conciertos y actuaciones al aire libre.

Although the client had originally allocated 25% of the budget to clean the polluted soil of the site, the architects discovered that the pollution was heavy metals and therefore stable. This meant that if there was no contact with the ground, it was not necessary to remove or clean it. By laying out a wooden deck over the entire site, it was possible to spend the whole budget on the design and programme rather than dealing with invisible waste.

Although the facilities are shared by two clients – a sailing club and a youth house centre – their programmes were very different. While the youth centre wanted outdoor play space for the children, the sailing club needed most of the site to park their boats. The building is the literal result of negotiations with these two contradictory demands. So even though the deck rises up to allow for boat storage underneath, the children can still run and play on it. The interior of the building is very basic with one major characteristic. The front of the centre, which is used as a common room and where most of the daily activities take place, is slightly more luxurious than the workshop and storage building on the back corner. The difference is that while the floor in the workshop is standard grey concrete, in the community space it is white concrete with white stones. The presence of hard surfaces everywhere on the inside is meant as a contrast to the wooden exterior – almost like an inversion of what is commonly done (wood indoor/asphalt outdoor) – reflecting the dominant role of the outdoor activities. In reality, the real 'room' of the Maritime Youth Centre IS the wooden deck: it accomodates all aspects of the two programmes, both indoor and outdoor.

Maritime Youth Centre Copenhagen, Denmark
Julien De Smedt, Bjarke Ingels / PLOT

Credits Client: Danish Foundation for Culture and Sports Facilities / City of Copenhagen / Governmental City Renewal Project / The Urban Development Fond. Engineer: Birch & Krogboe Engineers. Contractor: E. Pihl & Søn. PLOT team: Julien De Smedt, Bjarke Ingels, Annette Jensen, Finn Nørkjær, Henning Stüben, Jørn Jensen, Mads H. Lund, Marc Jay, Nina Ter-Borch.

2001 Office of PLOT established in Copenhagen

Julien De Smedt
1975 Born in Brussels
2000 Diploma in architecture, Bartlett School of Architecture
2000-01 Guest Critic, Eidgenössische Technische Hochschule (ETH), Zurich

Bjarke Ingels
1974 Born in Copenhagen
1999 Diploma in Architecture, Kunstakademie Arkitektskole (KA), Copenhagen

2000 Guest Critic, Bartlett School of Architecture, London
2001 Guest Critic, ETH
2001 Professor, KA
2001 Henning Larsen Prize

Major Competitions /
Principales concursos
2001 1st Prize: Aqua Centre, Aalborg, Denmark
2002 1st Prize: Psychiatric Hospital, Helsingør, Denmark
2003 1st Prize: Daugava Embankment, Riga, Latvia
2004 Honourable Mention: Stavanger Concert Hall

Awards and Distinctions /
Premios y distinciones
2002 Nykredit Architecture Prize
2002 and 04 2nd Prize: Corus / Building Design Young Architect of the Year Award
2004 Golden Lion, Venice Biennial: Stavanger Concert Hall
2004 European Prize for Urban Public Spaces, Mention: Copenhagen Harbour Bath
2004 AR+D Prize: Maritime Youth Centre

Major Works / Principales obras
2002 Copenhagen Harbour Bath
2005 VM House, Copenhagen
2005 Psychiatric Hospital, Helsingør

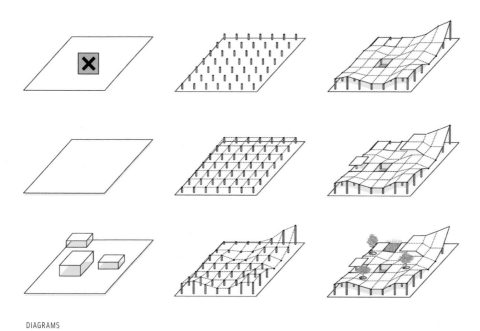

DIAGRAMS

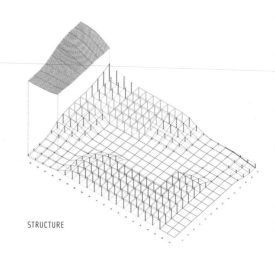

STRUCTURE

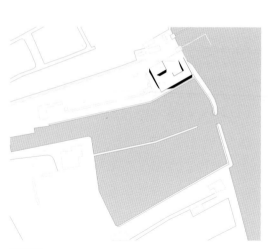

SITE PLAN

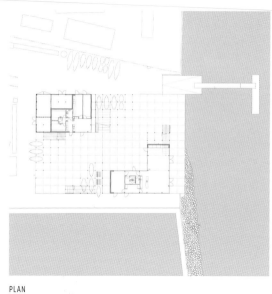

PLAN

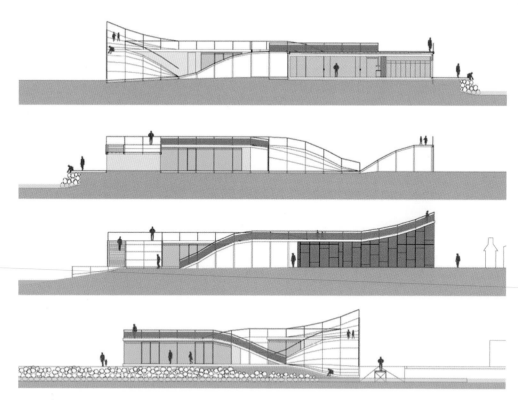

SECTIONS

Centro marítimo para jóvenes Copenhagen, Denmark
Julien De Smedt, Bjarke Ingels / PLOT

Aunque, inicialmente, el cliente hubiera asignado el 25% del presupuesto para limpiar las tierras contaminadas del lugar, los arquitectos descubrieron que dicha contaminación estaba compuesta por metales pesados y que, por consiguiente, era estable, lo cual significaba que si no existía contacto con el suelo, no era necesario retirarla o limpiarla. Colocando una plataforma de madera por encima de toda la superficie, resultaba posible invertir la totalidad del presupuesto al diseño y al programa en lugar de resolver el tema de unos residuos invisibles.
Aunque las instalaciones eran compartidas por dos clientes –un club de vela y un centro para jóvenes– sus programas eran muy distintos. Si, por una parte, el centro requería espacio para juegos infantiles al aire libre, el club de vela necesitaba la mayor parte del espacio para guardar sus embarcaciones. El edificio es resultado literal de las negociaciones entre ambos requisitos tan contradictorios. De manera que si la plataforma se eleva para permitir almacenar barcos debajo, los niños pueden correr y jugar por encima de la misma.

El interior del edificio es muy básico pero con una característica muy importante. La parte anterior del centro, que se utiliza como sala común y donde se desarrolla la mayor parte de las actividades diurnas, es ligeramente más lujosa que el edificio del taller y almacén que se halla en la esquina posterior. La diferencia radica en que, si por una parte el suelo del taller es de hormigón gris estándar, en el espacio comunitario el hormigón es blanco y con piedras también blancas. La presencia de superficies duras en todo el interior pretende crear un contraste con el exterior de madera –casi como al revés de lo que se suele hacer (madera en el interior / asfalto en el exterior)– reflejando así el papel dominante de las actividades que se llevan a cabo al aire libre. En realidad, la verdadera 'sala' del centro marítimo para jóvenes ES la plataforma de madera que se adapta a todos los aspectos de ambos programas, tanto en el interior como en el exterior.

The general design of this office and business centre was based on the organisational layout that is required by companies with large-scale interconnected structures. Hence, the scope and division of various sectors as well as internal networks were to be optimised. Several structural prerequisites for the oblong building site had already been determined and it was especially important to come to terms with the urban issues in relation to the functional parameters of the additional facilities such as shops and parking. Moreover, it was necessary to take into consideration not only urban planning concepts but also those at a regional scale in response to the regional development plan already in place.

These components included: pedestrian flow through the structure of the buildings to create links to the grounds at the rear; the concept of a sectionalised façade along Rennweg Street; and a structured development of the elevation. In order to provide high flexibility, it was important that different sections were layered and grouped so that they could be gradually occupied over time. Centralised development for the centre was a priority.

Visual and physical transparency in the basement area along with the functional and aesthetic relations of this large, interconnected structure with possibilities for expansion were the points

of departure for the concept of a 'reclining sculpture' – as opposed to a tower – which would also serve as a prominent landmark for the area.

To create a separation for different users and facilitate developmental stages, the whole building was divided into main sectors according to content and function: the basement zone for parking, installations and storage; the public zone for business and service areas, traversed by public footpaths and cycle tracks; the two 'wings', that contain the primary core sectors with internal distribution areas; and the three 'fingers' which are modular units that provide the possibility for expansion for the offices or the hotel.

In the sculptured wing, most of the office zones have been laid out for potential large-scale operations. This building segment is meant to be perceived as a dynamic, prominent structure with the open and transparent public zone below and the uniformly designed surface of the outer skin.

The main entrance is through a central foyer that stretches over several floors like a glass-covered interior courtyard. From the foyer, there is access to the individual office sectors via a distribution level that contains various additional functions such as training and meeting facilities.

T-Center St. Marx Vienna, Austria
Günther Domenig, Hermann Eisenköck, Herfried Peyker Architektur Consult ZT GmbH

Credits   Client: MM Liegenschaftsbesitz GesmbH, Vienna. Tenants: T Mobile Austria GesmbH, T Systems Austria GesmbH. Collaborators: Christian Halm (project manager), T.Schwed, M.Bieglmayer, P.Bitran, A.Essl, V.Fischer, M.Flatz, H.Frötscher, S.Harrich, E.Kahlen, H.Kaponig, D.Karner, P.Kaschnig, G.Kassl, M.Klausecker, K.Köberl, J.Kokol, P.Krähenbühl, B.Krizek, A.Kunz, P.Liaunig, R.Mölzer, G.Pfeiler, N.Rumpler, K.Schneiter, H.Schwed, A.Solorzano, R.Thierrichter, S.Tschavgov, O.Ulrich, S.Urban, R.Wanek, J.Weigl, H.Wolfmayr, R.Wührer. General contractors: Arge Generalunternehmer; Porr Projekt und Hochbau AG; Wibeba Wiener Betriebs- und Baugesellschaft mbH. Liaison with authorities: Neumann & Partner ZT GmbH. On-site construction supervision and project management: Hans Lechner ZT GmbH. Structural consultant (design phase): Wendl Consulting Civil Engineers. Structural consultant (execution phase): IC Konsulenten; Vasko & Partner. Electrical engineering: TBE Eipeldauer. Building services: Scholze Ingenieurgesellschaft; ZFG. Fire protection: Adsum Brandschutztechnik. Lighting: Zumtobel Staff. Acoustics and construction physics: DI. Walter Prause. Traffic planner: Traffico; Axis ZT GmbH. Façade planner: Face Off Buildings (FOB). Surveying:Helm Korschinek & Partner. Test engineer: DI Pauser.

1998 Offices of architects G.Domenig, H.Eisenköck and H.Peyker, who have jointly worked on a variety of projects over many years, were formed into a GmbH (limited liability company)

Günther Domenig

1934 Born in Klagenfurt, Austria
1959 Diploma in Architecture, Technische Universität (TU), Graz, Austria
1980-2000 Professor, Institute for Building Construction, Housing and Design, TU, Graz
1995 Golden Medal of Honour of the City of Vienna
2004 Austrian State Award for Architecture, Art and Design

Hermann Eisenköck

1954 Born in Salzburg, Austria
1981 Diploma in Architecture, TU, Graz
1994-96 Lecturer, TU, Graz

Herfried Peyker

1947 Born in Unterbergen/ Treibach, Kärnten
1975 Diploma in Architecture, TU, Graz
1975 Assistant Professor, Univerza v Ljubljani, Slovenia

Major Competitiuns /
Principales concursos
1985 1st Prize: Karl Franzens Universität Graz, RESOWI Centre-Institutes for Law, Social and Economic Sciences
1987 1st Prize: New Building, Regional Hospital Bruck/Mur, Austria

1997 1st Prize: New Building, Provincial Hospital Graz-West
1998 1st Prize: Nuremberg Documentation Centre
2000 1st Prize: General Secondary School Wolkersdorf, Austria

Awards and Distinctions /
Premios y distinciones
1996 Client Award, Association of Austria Architects: RESOWI Centre-Institutes for Law, Social and Economic Sciences
1997 Geramb Award Styria for Excellence in Construction: State Exhibition Leoben, *Made in Styria*
2000 Millennium timber construction award of the state of Carinthia: Millennium Timber Housing
2004 Golden Lion, Venice Biennial: Nuremberg Documentation Centre
2004 Otto Wagner Town Planning Award: T-Center St. Marx

Major Works /
Principales obras
1981 Zentralsparkasse Z-Zweigstelle Favoriten, Vienna
1996 RESOWI Centre-Institutes for Law, Social and Economic Sciences
2002 Provincial Hospital Graz-West, Graz
2003 School-Centre Mühleholz II, Vaduz, Lichtenstein
2004 Nuremberg Documentation Centre, Germany

SITE PLAN

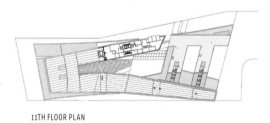

11TH FLOOR PLAN

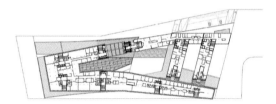

4TH FLOOR PLAN

2ND FLOOR PLAN

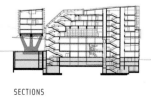

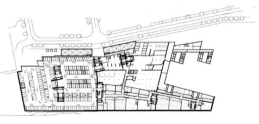

-4 FLOOR PLAN

SECTIONS

T-Center St. Marx Viena, Austria
Günther Domenig, Hermann Eisenköck, Herfried Peyker / Architektur Consult ZT GmbH

El diseño general de este centro de oficinas y negocios se basaba en la distribución organitzativa que requieren las empresas con estructuras interconectadas de gran escala. De ahí que fuera necesario optimizar las dimensiones y la división de varios sectores, así como las redes internas. Ya se habían establecido varios prerrequisitos para el emplazamiento del edificio oblongo y era especialmente importante adaptarse a los criterios urbanos en los parámetros funcionales de los equipamientos adicionales como las tiendas y el aparcamiento. Además, había que tener en cuenta no sólo conceptos de planificación urbana sino también los conceptos regionales relacionados con el plan de desarrollo regional que ya se estaba aplicando. Estos elementos incluían: el flujo peatonal a través de la estructura de los edificios para crear conexiones con los terrenos en la parte de atrás, el concepto de fachada seccionada a lo largo de la calle Rennweg y un desarrollo estructurado de la elevación. Para otorgar una gran flexibilidad al edificio, era importante agrupar por niveles las diferentes secciones a fin de que se pudieran ir ocupando gradualmente con el paso del tiempo. El desarrollo centralizado del centro era una prioridad. La transparencia visual y física de la planta baja, junto con las relaciones funcionales y estéticas de esta estructura amplia e interconectada con posibilidades

de expandirse, eran los puntos de partida del concepto de una 'escultura reclinada', por oposición a una torre, que además se erigiría en un hito prominente de la zona. Con el fin de crear una separación para los diferentes usuarios y de facilitar los niveles de desarrollo, se dividió todo el edificio en sectores principales según su contenido y función: el sótano para aparcamiento, instalaciones y almacén; la zona pública para área de negocios y de servicios, cruzada por caminos públicos peatonales y pistas de bicicletas; las dos 'alas', que contienen los sectores fundamentales con áreas de distribución interna; y los tres 'dedos' que son unidades modulares que permiten expandir las oficinas o el hotel.
En el ala esculpida, se ha diseñado la mayor parte de las zonas de oficinas para posibles operaciones a gran escala. Se busca que este segmento del edificio se perciba como una estructura dinámica y prominente con la zona pública abierta y transparente debajo y la superficie uniforme del revestimiento externo.
La entrada principal es a través de un vestíbulo central que ocupa varias plantas como si fuera un patio interior cubierto de vidrio. Desde el vestíbulo se puede acceder a los sectores de las oficinas individuales a través de un nivel de distribución que contiene varias funciones adicionales como los centros de formación y de reunión.

The urban development plan for the Forum 2004 was undertaken by the City Hall of Barcelona as a means by which to regenerate a large area of the coast and reorganise existing infrastructures. The objectives of this project were to provide unification of pedestrian access between the Forum's two parks and continuity along the waterfront, as well as to structure the connection between the esplanade with one of the large port parking lots. The walkway is connected with the Harbour Master's Building, which houses all the services for management of the port and marine operations. The architects' proposal was based on the utilisation and interrelation of references from the site and its surroundings, which were understood as a marginal fragment of the city where traces of the old plan had not been completely erased. Another reference was the encounter of Diagonal Avenue with the sea. The complex geometry of the esplanade seemed to evoke an agreement between Cerdà and his favorite street. Little by little this geometry is diluted, much like a river delta.

Setting the direction of the walkway was one of the most decisive issues in relation to the credibility of the architectural discourse and the point at which this passage/walkway crossed the Diagonal Avenue was of special importance. This fixed point was fundamental in defining the relation between the pedestrian bridge and the building, therefore making it the element that generated all the internal and geometric systems that compose the building. It became clear that the pedestrian bridge would function like an urban passageway located close to a major street, that is, like a space for refuge, an oasis of calmness. The general idea for the project was the contemporary representation of the passage of time which is expressed formally at the vitual crossroad between two routes: a passageway and an avenue.

Pedestrian Bridge and Capitania Building
Barcelona, Spain
Mamen Domingo, Ernest Ferré, Àngel Aparicio
mamen domingo i! ernest ferré arquitectes

Credits: Client: Barcelona Regional / Infrastructures del Llevant de Barcelona s.a. Collaborators: N.Granda, J.Sanz, S.Romero, M.Topolanska, M.Padawer, R.Ferusic, E.Gimenez, G.Lopez, J.Iglesias, V.Crespo, J.Blanco. Installations engineering: JG-Group: Julio Mora, Jose Quian, Joan Gallostra. Structural engineering: Bridges Technologies / Gonzalo Ramos, Javier Mendoza, Tomas Polo. General contractor: ACS / UTE NECSO-RUBAU / BENJUMEA-URSSA. Project management: Ute Gpo / Projects & Facilities Management / TEC'(4).

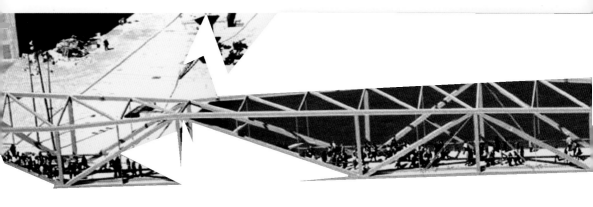

1991 Office of mamen domingo i!
ernest ferré arquitectes
established in Barcelona

Mamen Domingo
1963 Born in Lleida, Spain
1993 Diploma in Architecture,
Escola Tècnica Superior
d' Arquitectura de Barcelona
(ETSAB-UPC)
Since 1993 Professor, ETSAB-
UPC, Barcelona
Since 1996 Professor, Escola
Tècnica Superior de Camins,
Canals i Ponts de Barcelona
(ETSCCPB-UPC),
Since 2000 Professor, Escola
Superior d'Arquitectura,
Universitat Internacional
de Catalunya (ESARQ-UIC),
Barcelona
2005-07 Visiting Professor,
Eidgenössische Technische
Hochschule, Zurich

Ernest Ferré
1960 Born in Reus, Spain
1991 Diploma in Architecture,
ETSAB
1992-96 Researcher,
Department of Architectural
Compusition, ETSAB, with Ignasi
de Solà-Morales

1995 Master in Architecture,
UPC, Barcelona.
Since 1995 Professor Metropolis,
Graduate Programme in Archi-
tecture and Urban Culture, FTSAB
Since 2000 Professor, History
and Architectural Composition,
ESARQ-UIC

Àngel Aparicio
1949 Born in Madrid
Since 1984 Full Professor of
Bridges, ETSCCPB-UPC

Prizes and Distinctions /
Premios y distinciones
1999 FAD Prize, selected
Pedestrian Bridge over
the River Segre
2000 FAD Prize, selected:
Vila Maite
2001 I Architecture Biennial
Alejandro de la Sota, finalist:
Vila Maite
2003 II Architecture Biennial
Alejandro de la Sota, selected:
Vila Silvia
2004 FAD Prize, selected:
Exhibition design *Seu Vella*,
Lleida

2005 III Architecture Biennial
Alejandro de la Sota, finalist:
Funeral Home
2005 III Architecture Biennial
Alejandro de la Sota, selected:
Sportive Area, Reus
2005 FAD Prize, finalist:
Pedestrian Bridge and Capitania
Building, Forum 2004

Major Competitions /
Principales concursos
1998 2nd Prize, Hockey Pavilion,
Lleida
2000 2nd Prize, University
Bridge, Lleida
2004 Finalist: Institut Català
d'Indústries Culturals
2005 Headquarters, Regional
Government of Catalonia,
Tortosa
2005 Young Cultural House,
Historical Centre, Balaguer, Spain

Major Works / Principales obras
1998 Pedestrian Bridge over
the River Segre, Lleida
2000 Vila Maite, Reus
2002 Vila Silvia, Castellvell,
Tarragona, Spain
2003 Funeral Home, Vila-Seca,
Tarragona
2005 Football Stadium, Reus

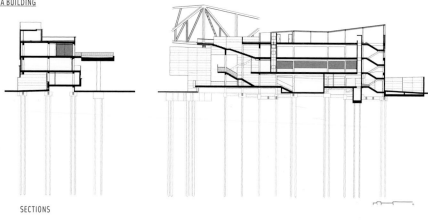

SECTIONS

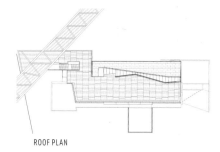

ROOF PLAN

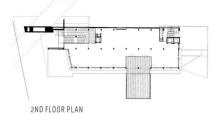

2ND FLOOR PLAN

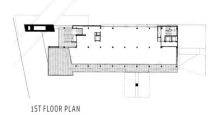

1ST FLOOR PLAN

GROUND FLOOR PLAN

PEDESTRIAN BRIDGE

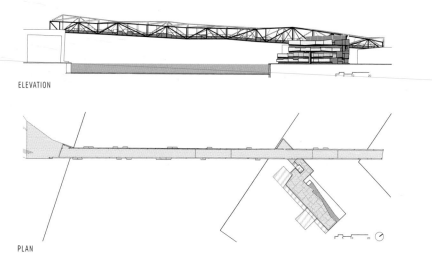

ELEVATION

PLAN

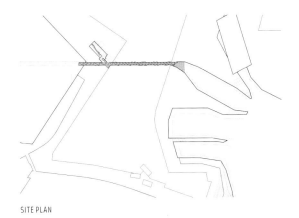

SITE PLAN

Pasarela peatonal y edificio de capitanía Barcelona, España
Mamen Domingo, Ernest Ferré, Àngel Aparicio / mamen domingo i! ernest ferré arquitectes

Con la finalidad de regenerar una parte importante de costa y estructurar un conjunto de infraestructuras existentes de las que el Ayuntamiento no podía prescindir, se convocó el concurso para todas las actuaciones del recinto del Forum 2004.

El proyecto tiene como finalidad unir peatonalmente los dos parques del Forum, dar continuidad al frente marítimo, y estructurar la conexión de la gran explanada con uno de los grandes aparcamientos al otro extremo del puerto. La pasarela queda conectada en uno de sus pilares con el edificio de Capitanía, destinado a los usos propios del puerto.

La propuesta para la pasarela peatonal y el edificio de Capitanía ha utilizado los referentes del lugar y los del entorno. Entendiendo por este último aquel fragmento marginal de ciudad en el que el urbanismo no ha conseguido borrar todas las trazas antiguas. Otra visión es la que habla del encuentro de la avenida Diagonal con el mar.

La geometría compleja de la gran explanada nos evoca un acuerdo entre el ensanche de Cerdà y su avenida predilecta. Poco a poco esta geometría se diluye como si de un delta fluvial se tratase.

Fijar la dirección de la pasarela fue uno de los puntos claves para hacer creíble el discurso arquitectónico, y el punto en el que este pasaje/pasarela se cruza con la Diagonal tomó mucha importancia. Este punto era fundamental para definir la relación entre la pasarela y el edificio; y sería el que generaría todos los sistemas de composición interna y geométrica del edificio.

Está claro que el espacio de la pasarela actúa de la misma forma que los pasajes de las ciudades cercanos a las grandes avenidas: como refugio y oasis de calma. La idea genérica del proyecto es la representación contemporánea del paso del tiempo. La idea específica o formal se concreta en el cruce virtual de dos vías: una pasaje y una avenida.

The programme called for a museum that specialises in exhibitions for children. As such, the concept of materiality became a design issue related not only to the construction of the building but also as a mechanism to further the sensory experience for the children. Moreover, all the elements of the building were conceived in terms of their perspective. Thus, on the steps that slope down towards the front door there is a soft area where they can play and release their energy. Likewise, the south-facing angled slab which cantilevers away fom the exhibition is 'furnished' with matresses and is visibly connected to the surrounding park, providing a place to lie down and take a rest from the exhibition while observing the park beneath. Different ambiences and views are created by the 'windows', that is, slots in the roof or the wall that permit daylight to enter and bounce off the interior walls. The technical equipment – such as air conditioning ducts and elevators – all run visibly throughout the building thereby becoming part of the exhibition.

In addition to the exhibition spaces, the programme also included an auditorium, workshop, office space, fireplace, water basins and a garden for children to plant and grow vegetables and spices. This play of water and earth prompted the placement of the water basin along the south façade so that the water runs down a little waterfall and then to the basin on the west side. In order to emphasise planting and growing as distinct experiences, the building is connected to its surroundings by sloping the garden to the lower level.
The building is molded into the park: natural and artificial landscapes intertwine within and throughout the building. While the concrete slabs on the three levels are connected to one another via ramps they are also connected to the park outside. Variability of the interior space is ensured by the sliding partition walls and experiments with new materials and their detailing were carefully studied in coherence with the main design ideas.

Museum for Children Graz, Austria
Hemma Fasch, Jakob Fuchs / fasch&fuchs

Credits Client: Stadt Graz. Collaborators: Thomas Mennel (project architect), Eva Germann, Günter Bösch, Thomas Ausweger. Construction: Alpine Mayreder. Construction engineer: Werkraum / Peter Bauer, Peter Resch. Engineer: Gerhard Tomberger. HVAC consultant: Reinhold Bacher. Steel construction: Silverstar. Timber construction: Stingl. Roof membrane: Aquarex. Glass façade: Temmel. Interior fittings: Helmut Prenner.

1994 Office of fasch&fuchs established in Vienna.

Hemma Fasch
1959 Born in Graz
1989 Diploma in Architecture, Technische Universität (TU), Graz
1992-98 Assistant Professor, TU Vienna

Jakob Fuchs
1958 Born in Hopfgarten, Austria
1989 Diploma in Architecture, TU, Vienna

1991-99 Assistant Professor, TU, Vienna

Major Competitions / Principales concursos
1998 1st Prize: Empress Elizabeth Hospital, Vienna
1999 1st Prize: Covered Bus Parking, Vienna
2001 1st Prize: Schwechat Special School
2003 1st Prize: Kleehäufel Water Treatment Plant, Vienna
2005 1st Prize: LKH-Gmunden

Awards and Distinctions / Premios y distinciones
1987 Friedrich Zotter Preis: Tower for an Artist, (J.Fuchs)
2004 Bauherrenpreis: Teaching Academy
2004 Geramb-preis für Gutes Bauen and Architekturpreis des Landes Steiermark: Museum for Children

Major Works / Principales obras
2000 Bauer House, Raaba bei Graz
2001 Rieberer House, Kuhlenbrunn, Austria
2002 Teaching Academy, Salzburg, Austria
2004 School and Seminar Building, Krieglach, Austria
2005 Landeskrankenhaus, Knittelfeld, Austria (with L. Schumacher)

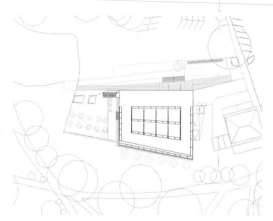

SITE PLAN

1ST FLOOR PLAN

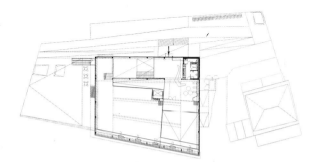

GROUND FLOOR PLAN

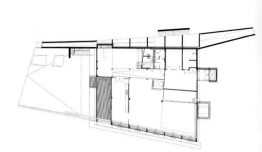

-1 FLOOR PLAN

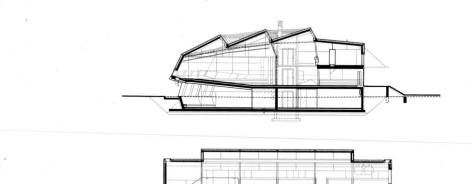

SECTIONS

Museo para niños Graz, Austria
Hemma Fasch, Jakob Fuchs / fasch&fuchs

El programa exigía un museo que se especializara en exposiciones para niños. Debido a ello, el concepto de materialidad se convertía en tema de diseño relacionado no sólo con la construcción del edificio sino también a modo de mecanismo que fomentara la experiencia sensorial de los niños. Por otra parte, todos los elementos del edificio se concebían desde la perspectiva infantil.

Así pues, ya en las escaleras que van bajando hacia la entrada principal existe una zona blanda donde los niños pueden jugar y liberar sus energías. Además, la gran losa angulada y orientada hacia el sur que se aleja en voladizo desde la zona de exposiciones se halla 'amueblada' con colchones y está visualmente conectada con el parque circundante proporcionando así un lugar donde echarse a descansar del recorrido de la exposición observando, al propio tiempo, el parque que está debajo. Las 'ventanas', es decir, las ranuras de la cubierta o de la pared que permiten la entrada de la luz natural y el rebote de la misma por las paredes interiores, crean toda una variedad de ambientes y vistas distintos. El equipo técnico –como las tuberías para el aire acondicionado y los ascensores– discurre visiblemente por todo el edificio, convirtiéndose así en parte de la propia exposición.

Además de los espacios dedicados a exposición, el programa incluía también un auditorio, taller, espacio para oficinas, chimenea, estanques de agua y un huerto donde los niños pudieran plantar y cultivar hortalizas y hierbas aromáticas. Este juego entre agua y tierra suscitó la idea de colocar el estanque de agua a lo largo de la fachada sur de tal manera que el agua discurriera creando una pequeña cascada para luego desembocar en el estanque del lado occidental. Con el fin de hacer hincapié en las experiencias de plantar y cultivar como algo distinto, el edificio se halla conectado a sus alrededores mediante un jardín en declive hacia el nivel inferior.

El edificio se ha diseñado de acuerdo con las formas del parque: hay paisajes naturales y artificiales que van entretejiéndose a lo largo y ancho del edificio. Las grandes losas de hormigón de los tres niveles se conectan entre sí gracias a unas rampas y se conectan, asimismo, con el parque del exterior. La variabilidad del espacio interior queda asegurada por una serie de tabiques correderos, y la experimentación con materiales nuevos, así como los consiguientes detalles fueron cuidadosamente estudiados para ajustarse a las ideas principales del diseño.

Bridges are often considered to belong to the realm of the engineer rather than that of the architect. But the architecture of infrastructure has a powerful impact on the environment and the Millau Viaduct, designed in close collaboration with structural engineers, illustrates how the architect can play an integral role in the design of bridges. It follows the Millennium Bridge over the River Thames in expressing a fascination with the relationships between function, technology and aesthetics in a graceful structural form.

Located in southern France, the bridge connects the motorway networks of France and Spain. opening up a direct route from Paris to Barcelona. The bridge crosses the River Tarn which runs through a spectacular gorge between two high plateaux. Interestingly, alternative readings of the topography suggested two possible structural approaches: to celebrate the act of crossing the river or to articulate the challenge of spanning the 2.46 kilometres from one plateau to the other in the most economical manner. Although historically the river was the geological generator of the landscape, it is very narrow at this point, and so it was the second reading that suggested the most appropriate structural solution.

A cable-stayed, masted structure, the delicate and transparent bridge has the optimum span between columns. Each of its sections spans 342 metres and its columns range in height from 75 metres to 245 metres, with the masts rising a further 90 metres above the road deck (equivalent to the height of the Eiffel Tower). To accommodate the expansion and contraction of the concrete deck each column splits into two thinner, more flexible columns below the roadway forming an A-frame above deck level. The tapered form of the columns both expresses their structural loads and minimises their profile in elevation. The bridge not only has a dramatic silhouette, but crucially, it also makes the minimum intervention in the landscape.

Millau Viaduct Millau, France
Norman Foster / Foster and Partners
Michel Virlogeux

Credits Client: Arrondissement Interdépartemental des Ouvrages d'Art (A.I.O.A.), A75. Associated architects: Chapelet-Defol-Mousseigne. Structural engineering: EEG (Europe Etudes Gecti), Sogelerg, SERF. Landscape architects: Agence TER. Design/Build/Operate concessionaire: Companie Eiffage de Viaduc de Millau (CEVM).

Norman Foster
see page 48

Michel Virlogeux
1946 Born in Vichy, France
1967 Diploma in Engineering, Ecole polytechnique, Paris
1970 Diploma in Engineering, Ecole nationale des ponts et chaussées (ENPC), Paris
1973 Doctorate in Engineering, Université Pierre et Marie Curie-Paris VI, Paris
1975-93 Professor, Ecole spéciale des travaux publics, Paris
1975-78 Lecturer, ENPC
1978-94 Professor, ENPC
2001 Professor, Centre des hautes etudes de la construction, Paris

Major Competitions /
Principales concursos
1990 1st Prize (within a team): Kerkinstensalmi Bridge, Finland
1995 1st Prize (within a team): TGV Avignon Viaducts
2001 1st Prize (within a team with A.Zublena): Rouen Lift Bridge over Seine River
2004 Bordeaux Lift Bridge over Garonne River (results pending)

Awards and Distinctions /
Premios y distinciones
1995 Engineering News Record Award of Excellence: Normandie Bridge
1995 Gold Medal, Institution of Structural Engineers: Normandie Bridge
1999 Gustav Magnel Gold Medal: Normandie Bridge
1999 Fritz Leonhardt Prize
2003 International Award of Merit in Structural Engineering

Major Works / Principales obras
1986 Seyssel Bridge over Rhône River, France (with A. Spielmann and J.V. Berlottier)
1989 Chateaubriand Arch Bridge over Rance River, France (with J. Mathivat and Ch. Lavigne)
1995 Morbihan Arch Bridge over Villaine River, France (with J. Mathivat and Ch. Lavigne)
1995 Nomandie Bridge over Seine River, France (with Ch. Lavigne)
2000 TGV Avignon Viaducts over Rhône River (with J.F. Blassel and M. Desvignes)

ELEVATION

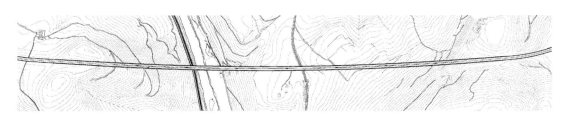

PLAN

ELEVATION DETAIL

DETAILS

Viaducto de Millau   Millau, Francia
Norman Foster / Foster and Partners
Michel Virlogeux

Normalmente se considera que los puentes son del dominio
del ingeniero más que del arquitecto. Pero la arquitectura
de infraestructuras tiene un impacto muy fuerte en
el medio ambiente y el viaducto de Millau, diseñado
en estrecha colaboración con ingenieros de estructuras,
ilustra claramente cómo puede el arquitecto desempeñar un
papel integral en el diseño de puentes. Sigue la estela del
puente del Milenio, construido sobre el Támesis, a la hora
de expresar la fascinación por las relaciones entre función,
tecnología y estética de una forma estructural elegante.
Ubicado en el sur de Francia, el puente sirve de elemento
de conexión de las redes de autopistas de Francia
y España, abriendo una vía directa desde París a Barcelona.
El puente cruza el río Tarn que discurre por una garganta
espectacular entre dos altas mesetas. Cabe comentar aquí
que otras lecturas de la topografía del lugar sugerían
dos enfoques estructurales posibles: destacar la acción
de cruzar el río o bien superar el reto de salvar los
2,46 kilómetros de distancia que van de una meseta a la
otra de la manera más económica. Aunque históricamente

el río fuera el generador geológico del paisaje, resulta
que en ese punto concreto es muy estrecho y, por ello,
fue la segunda lectura la que sugirió la solución estructural más adecuada.
El puente delicado y transparente −una estructura de
mástiles sujeta con cables− presenta la distancia óptima
entre columnas. Cada una de sus secciones se extiende
a lo largo de 342 metros y sus columnas oscilan en altura
entre 75 metros y 245 metros, con sus mástiles que se
elevan otros 90 metros por encima de la plataforma de
la carretera, (que equivalen a la altura de la Torre Eiffel).
Para adaptarse a la contracción y expansión de la plataforma de hormigón, cada columna se divide en dos columnas
más delgadas y flexibles por debajo de la vía de tráfico
formando una estructura en forma de A por encima del
nivel de la plataforma. La forma ahusada de las columnas
expresa a la vez su carga estructural y minimiza su perfil
en alzado. El puente posee no sólo una silueta espectacular sino que −y esto es crucial− supone una intervención
mínima en el paisaje.

The site is in the centre of the Ferrari complex, which is undergoing major changes and developments. Built to host the offices of the Ferrari Product Development Centre and Technical Management its location between the Wind Tunnel and the Mechanics Building reinforces its role as the main image of Ferrari Spa. The project is based on bringing the natural environment into this highly technological complex in order to create a comfortable working atmosphere. Light, water and bamboo are used in such a way that the building becomes landscape. Representative of a new poetic of lightness, the overall image is dominated by an overhanging volume that is detached from the rest of the building and suspended above the surface of the water which covers the lower volume, extending outwards 7 metres over the entrance area.

Brightly lit crystal boxes and the minimum necessary structure are the only physical connections between these volumes. Above the surface of the water various walkways create a network of connections between two meeting rooms marked by their respective colors: red and yellow. Water and light are the kinetic elements of the building, designaling space with reflections that give the upper volume the impression of a precious metal container. In the middle of the building, a precisely ordered rectangular bamboo forest creates a micro-climate and filters light and reflects it in a thousand different directions.

The building is distinguished by its high level of comfort and reduced energy consumption even though it is subject to extreme climatic conditions and is completely glazed. While the façade utilises a high performance glass with magnetronic coating, internal roller blinds are made of a special cotton fabric which incorporates a thin layer of aluminium to reflect the heat from solar gain. The light is filtered in a way that even with the blinds down a connection between the outside and the occupants is maintained while providing appropriate conditions for working at the computer.

The air conditioning system utilises perimeter convection from the underfloor for winter heating and ceiling-mounted radiant panels for summer cooling. As opposed to traditional systems, air velocities are maintained at very low levels with close to ambient temperatures giving a heightened level of comfort.

Finally, this building dedicated to a car manufacturing company that has represented for generations the realisation of a dream, is itself an example of how design and technology can transform the office typology.

Ferrari Product Development Centre
Maranello, Italy
Massimiliano Fuksas / Massimiliano Fuksas Architetto

Credits   Client: Ferrari Spa. Interior design and artistic direction: Doriana O.Mandrelli. Project leader: Giorgio Martocchia, Defne Diber Stolfi (assistant). 3D: Fabio Cibinel. Model makers: Gianluca Brancaleone, Nicola Cabiati, Andrea Marazzi. Building technology: AI Engineering. Construction company: Cogei Costruzioni. General contractor: COGEI Costruzioni. Structural engineering: Studio Sarti/Gilberto Sarti. Services engineering: AI Engineering.

1970 Office of Massimiliano Fuksas Architetto established in Rome

Massimiliano Fuksas
1944 Born in Rome
1969 Diploma in architecture, Università degli Studi di Roma 'La Sapienza'
1988 Visiting Professor, Staatliche Akademie der Bildenden Künste, Stuttgart
1990 Visiting Professor, Ecole spéciale d'architecture, Paris
1990-91 Visiting Professor, Columbia University, New York
1993 Visiting Professor, Institut für Entwerfen und Architektur, Hannover
1995-97 Visiting Professor, Akademie der Bildenden Künste, Vienna

Major Competition /
Principales concursos
2000 1st prize: Congress Centre Roma EUR, Rome
2000 1st prize: Headquarter Italian Space Agency, ASI, Rome
2001 1st prize: New headquarters of Piemont Region, Turin, Italy
2002 1st prize: New Milan Trade Fair
2003 1st prize: Zenith Concert Hall, Strasbourg
2005 1st prize: Archive Nationales, Paris

Awards and Distinctions /
Premios y distinciones
1998 Vitruvio International Prize, VII Bienale, Buenos Aires
1999 Gran prix d'architecture française
2000 Commandeur, Ordre des arts et des lettres
2000-05 Member: Accademia Nazionale di San Luca / Academie d'Architecture de France
2002-03 Honorary Fellowship: American Institute of Architects / Sofia International Academy of Architecture

Major Works / Principales obras
1995 Maison des arts, Université Michel de Montaigne, Bordeaux
1997 Europark, Salzburg
1998 Maximilien Perret High School, Alfortville, Paris
2001 Twin Towers Skyscrapers, Vienna
2004 Research & Multimedia Centre Grappa Nardi-Bassano del Grappa, Vicenza, Italy
2005 New Trade Fair and Exhibition Centre, Rho Pero, Milan

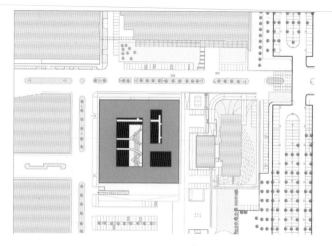

SITE PLAN

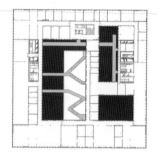

2ND FLOOR PLAN

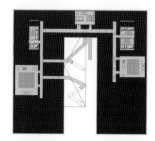

1ST FLOOR PLAN

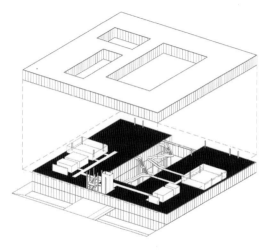

AXONOMETRIC

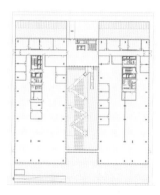

GROUND FLOOR PLAN

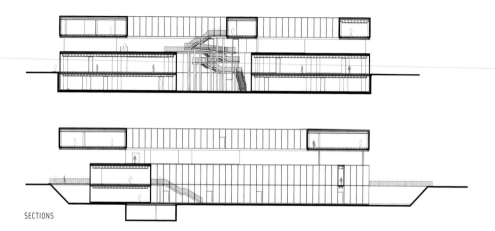

SECTIONS

Centro de desarrollo de productos Ferrari Maranello, Italia
Massimiliano Fuksas / Massimiliano Fuksas Architetto

El lugar se halla en el centro del complejo Ferrari, que está sufriendo cambios y evoluciones importantes. Construido para albergar las oficinas del centro de desarrollo de productos Ferrari y su dirección técnica, su ubicación entre el túnel de viento y el edificio de mecánica, refuerza su papel como imagen principal del Ferrari Spa.

El proyecto se basa en trasladar el entorno natural a este complejo altamente tecnológico a fin de crear un ambiente de trabajo confortable. La luz, el agua y el bambú se utilizan de tal forma que el edificio se convierte en un paisaje. Representante de una nueva poética de la luminosidad, la imagen global está dominada por un volumen en forma de alero que se desprende del resto del edificio y queda como suspendido por encima de la superficie del agua que recubre el volumen inferior, extendiéndose hacia fuera unos siete metros por encima de la zona de entrada. Unas cajas de cristal profusamente iluminadas y una estructura mínima indispensable son las únicas conexiones físicas entre dichos volúmenes. Por encima de la superficie de agua, varias pasarelas crean una red de conexiones entre dos salas de reuniones que se identifican por sus colores respectivos: rojo y amarillo. El agua y la luz son los elementos cinéticos del edificio, designando el espacio mediante unos reflejos que confieren al volumen superior el efecto de un estuche de metales preciosos. En el centro del edificio se halla un bosque rectangular de bambú exquisitamente ordenado que contribuye a crear un micro-clima,

filtrando la luz y reflejándola en mil direcciones distintas. El edificio se distingue por su elevado nivel de confort y un bajo consumo de energía aunque se halle sometido a unas condiciones climáticas extremas y esté completamente acristalado. Si, por una parte, la fachada utiliza un vidrio de alto rendimiento con revestimiento magnetrónico, las persianas enrollables del interior se han confeccionado con un tejido de algodón especial que incorpora una fina capa de aluminio para reflejar el calor procedente de la ganancia solar. La luz se filtra de tal modo que, incluso con las persianas bajadas, se mantiene una relación entre el exterior y los ocupantes del edificio, proporcionando al propio tiempo las condiciones adecuadas para trabajar delante del ordenador.

El equipo de aire acondicionado utiliza un sistema de convección perimétrica bajo el suelo para la calefacción durante el invierno y unos paneles radiantes montados en el techo para la refrigeración en verano. A diferencia de los sistemas tradicionales, las velocidades del aire se mantienen a niveles muy bajos con temperaturas próximas a la del ambiente, lo cual proporciona un nivel de comodidad aún más elevado.

Por último, este edificio destinado a una empresa de fabricación de coches que para muchas generaciones ha representado un sueño, es en sí mismo un ejemplo de cómo el diseño y la tecnología pueden transformar el programa de oficinas.

The firm EFAFLEX manufactures high end, sectional garage doors. For its new facility, a flat site south of Baden that is visible from the busy highway B 17 was selected. Located in an industrial zone, currently only a small number of parcels in the immediate vicinity have been built up and so although the building now sits in the middle of the field, it can be expected that the neighbouring sites will eventually be occupied by other industrial buildings.

This led the architects to propose that the office be placed above ground level. Elevating the offices required additional structural means, but it is nonetheless a significant improvement spatially and creates a buffered entry area that protects those entering the offices and delivering the doors from inclement weather.

Because the site is nondescript, the design for the building was based on the development of the programme which required offices for sales and administration and a hall for storing and pre-assembling the doors prior to delivery. Easy access for delivery (through a transparent EFAFLEX door) and neutral lighting (clerestory lighting along the long sides) are requirements for the production hall.

With the hall at ground level, the office zone evolves from the spacious covered entry via a foyer with a view towards the southwest. The meeting space is located up a single-flight, transverse stair open to the floor above. Skylights above the stairs and break room direct daylight into the centre of the office zone.

The office spaces on the upper floor are amply glazed on three sides with electrically-operated sunscreen louvers between the glass panes that are facing southeast and southwest. The goings-on in the hall and the production area can be viewed from the offices through a window.

A matte metallic skin – made up of panels whose exterior and interior surfaces are identical, with 12 cm insulation in between – encloses the structure, accentuating the glazed office area and entry. The steel box trusses that distribute the cantilever loads are used in conjunction with the cavities in the pre-stressed concrete for the HVAC systems. The brow of the building gestures toward the B 17 and bears the EFAFLEX logo: a leaping panther. Creating a link between the building and the logo goes without saying.

Efaflex Door Systems Baden, Austria
Bettina Götz, Richard Manahl / ARTEC Architekten

Credits <u>Client:</u> Ferdinand Türtscher. <u>Collaborators:</u> Julia Beer, Ronald Micolics, Irene Prieler, Ivan Zdenkovic. <u>Construction company:</u> Koizar. <u>Engineering:</u> Oskar Graf Engineering. <u>Hydraulic :</u> Christian Koppensteiner Engineering. <u>Steel structure:</u> Scholl. <u>Metal façade and metal roof:</u> Rathmanner. <u>Glass façade:</u> Fuchs Glastechnik. <u>Installations:</u> Fenz. <u>Joinery works:</u> Manigatterer.

1985 Office of ARTEC Architekten established in Vienna

Bettina Götz
1962 Born in Bludenz, Austria
1987 Diploma in Architecture, Technische Universität (TU), Graz
2000 Visiting Professor, TU, Vienna

Richard Manahl
1955 Born in Bludenz
1982 Diploma in Architecture, TU, Graz

Major Competitions /
Principales concuros
1988 1st Prize: Central Building Department Headquarters, Graz
1995 Museo del Prado, Madrid
1998 1st Prize: Laxenburger-strasse Apartment Building, Vienna
2002 1st Prize: Wiedner Hauptstrasse (new design for a street), Vienna

Awards and Distinctions /
Premios y distinciones
1997 Domico Prize: Zehdengasse School
1998 Aluminium Architecture Prize: Raum Zita Kern
1999 Client Prize, Association of Austrian Architects: Raum Zita Kern
2002 Cultural Prize of Lower Austria: Raum Zita Kern
2004 Client Prize, Association of Austrian Architects: Pharmacy in Aspern

Major Works / Principales obras
1994 and 1997 Kunstraum Wien and Depot, Museumsquartier (Fischer Wing), Vienna
1996 Zehdengasse School, Vienna
1998 Raum Zita Kern, Raasdorf, Austria
2003 Pharmacy in Aspern, Vienna
2004 Apartment Building, Bregenz

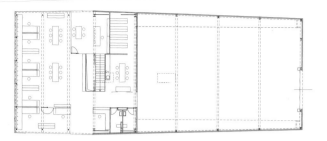

1ST FLOOR PLAN

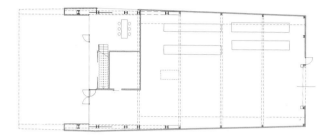

GROUND FLOOR PLAN

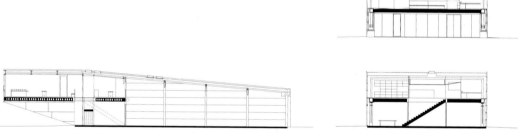

SECTIONS

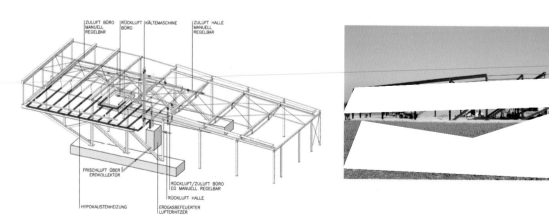

ZULUFT BÜRO MANUELL REGELBAR RÜCKLUFT BÜRO KÄLTEMASCHINE ZULUFT HALLE MANUELL REGELBAR

FRISCHLUFT ÜBER ERDKOLLEKTOR RÜCKLUFT/ZULUFT BÜRO EG MANUELL REGELBAR RÜCKLUFT HALLE

HYPOKAUSTENHEIZUNG ERDGASBEFEUERTER LUFTERHITZER

CONSTRUCTION SCHEME

Efaflex Door Systems Baden, Austria
Bettina Götz, Richard Manahl / ARTEC Architekten

La empresa EFAFLEX fabrica puertas versátiles de gama alta para garajes. Para su nueva sede se seleccionó una parcela plana al sur de Baden, visible desde la muy transitada autopista B 17. Ubicado en una zona industrial, de momento tan sólo se ha construido en un reducido número de parcelas contiguas al mismo y aunque, de momento, el edificio esté en pleno campo, es de esperar que los terrenos circundantes acaben siendo ocupados por otros edificios industriales.

Esto es precisamente lo que llevó a los arquitectos a proponer que las oficinas se colocaran encima de la planta baja. Elevar dichas oficinas supuso utilizar medios estructurales adicionales pero constituyó, sin duda, una notable mejora espacial creando, además, una zona de entrada protegida de las inclemencias del tiempo para acceder a las oficinas y para la expedición de las puertas.

Como el lugar carece de elementos destacables, el diseño del edificio se basó en el desarrollo de un programa que exigía oficinas de ventas y administración y un espacio para almacenar y pre-montar las puertas antes de su expedición. Los requisitos para la nave de producción eran: un fácil acceso para las entregas (a través de una puerta EFAFLEX transparente) y una iluminación neutra (mediante triforios colocados en los lados largos).

Con la nave en la planta baja, la zona de oficinas evoluciona desde la espaciosa entrada cubierta, a través de un vestíbulo con vistas hacia el sudoeste. El espacio de atención al público se halla subiendo un tramo de escalera transversal que se abre al piso superior. Las claraboyas colocadas por encima de las escaleras y la sala de descanso dirigen la luz natural hacia el centro de la zona de oficinas.

El espacio de oficinas del piso superior está ampliamente acristalado por tres de sus lados, y entre los paneles de vidrio que dan al sudeste y al sudoeste se han colocado persianas eléctricas de lamas que actúan como filtro solar. La actividad del vestíbulo y de la nave de producción pueden observarse desde las oficinas a través de una ventana. Una envoltura metálica mate hecha de paneles cuya superficie exterior e interior son idénticas, con 12 cm de aislamiento entre los mismos, sirve para cerrar la estructura, acentuando la zona acristalada de las oficinas y la entrada. El entramado de acero que distribuye las cargas del voladizo se utiliza, junto con las cavidades del hormigón, para los sistemas de calefacción, ventilación, y aire acondicionado.

La 'frente' del edificio mira hacia la B 17 y lleva el logotipo de EFAFLEX: una pantera en pleno salto. Ni que decir tiene que se ha creado un vínculo entre el edificio y dicho logotipo.

To reach the Adolescent Centre, coming out of the subway, one walks along the boulevard du Port Royal to where the buildings curve around. From a distance, the open character of the building is apparent with its long arms welcoming the visitor.

While the free space created by the curving architecture allows the city to enter, the roadway dilates to form an esplanade, an urban public space that is coiled within the building. By offering space to the city, the building both attracts the city to itself and sets back to embrace it. This set back also addresses the factor of time: the time that teenagers may need to decide whether or not to enter the facility.

They might linger on the steps, along with those that inevitably take advantage of the protected, green, open space.

The hall is a natural extension of the esplanade. It occupies the whole ground floor area in such a way that the garden beyond is visible. It is an invitation to enter. The hospital is not banished. Rather it is kept at a distance. The hall definitely belong to the city: open, transparent, connected directly to the roadway and related to the boulevard from which it captures its liveliness. Located within the same volume, the consultation space opens out to the garden below – very close to the hall, but separated nonetheless. The centre organises itself vertically from north to south, allowing for a relationship between the city and the garden. Above the hall is the hospitalisation area.

While the corridors reflect the dynamic character of the boulevard, natural light in the rooms gives the impression of space, with the level of privacy controlled by the modulation of the transparent façade. Sunlight from the south projects a moving shadow of leaves striped by the light edges of the glass louvers and the north side is characterised by the rich, green-tinted glass wall. Another simple and beautiful garden is situated on the top of the building, a terrace that overlooks the neighbouring garden of Val de Grâce.

Simultaneously, one is secure and free, but also protected. The concept behind the design is that the young patients in this environment would also feel secure and free, but also protected.

Adolescent Centre, Côchin Hospital Paris, France
Jean-Marc Ibos, Myrto Vitart / Ibos & Vitart

Credits Client: Assistance Publique / Hôpitaux de Paris. Project architects: Gricha Bourbouze, Francois Texier, Stéphane Bara. Main contractor: Bouygues Bâtiment Ile de France. Landscape consultant: Louis Benech. Façade consultant: VP & Green Ingénierie. Fire consultant: Casso & Co. Structural, mechanical, electrical engineering: Betom Ingénierie. Quantity surveyor: Ace Consultants.

1990 Office of Ibos & Vitart established in Paris

Jean-Marc Ibos
1957 Born in Saint Cloud, France
1982 Diploma in Architecture, Ecole d'architecture Paris-La Defense
1994-95 Visiting Professor, Ecole spéciale d'architecture (ESA), Paris
1998-2002 Visiting Professor, Ecole d'architecture Paris La Seine
2000-01 Visiting Professor, Columbia University, New York
2002-05 Visiting Professor, Technische Universität, Berlin

2005 Visiting Professor, Ecole polytechnique fédérale de Lausanne (EPFL)

Myrto Vitart
1955 Born in Boulogne-Billancourt, France
1984 Diploma in Architecture, Ecole d'Architecture UP7, Paris
1994-95 Visiting Professor, ESA, Paris
2000-01 Visiting Professor, Columbia University, New York
2005 Visiting Professor, EPFL

Major Competitions / Principales concursos
2000 Finalist: Italian Space Agency, Rome
2000 Finalist: World Intellectual Property Organisation Extension, Geneva
2003 2nd Prize: New National Library, Luxembourg
2003 2nd Prize: National Archives, Luxembourg

Awards and Distinctions / Premios y distinciones
1984 Villa Médicis Hors les Murs
1997 Equerre d'argent: Fine Arts Museum
1998 Du Pont Benedictus Award: Fine Arts Museum

2001 Members, Académie d'architecture
2002 Chevaliers, Ordre du mérite

Major Works / Principales obras
1998 Fine Arts Museum, Lille, France
2004 Emergency and Fire Centre, Nanterre, France
2005 Ille and Vilaine Departmental Archives, Rennes, France
2005 C40 and C41 Warehouses, Gennevilliers, France

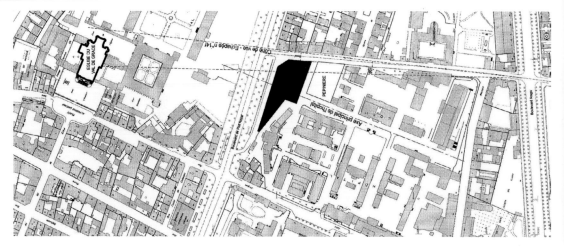

SITE PLAN

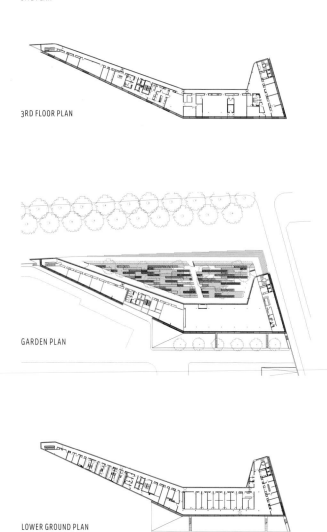

3RD FLOOR PLAN

GARDEN PLAN

LOWER GROUND PLAN

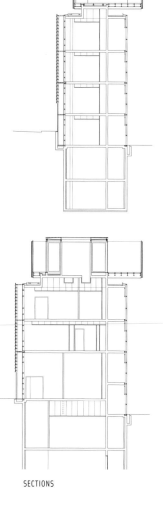

SECTIONS

Centro de adolescentes, Hôspital Cochin París, Francia
Jean-Marc Ibos, Myrto Vitart / Ibos & Vitart

Para llegar al Centro para adolescentes, viniendo desde el metro, hay que recorrer el bulevar de Port Royal hasta donde los edificios imprimen una curva. Desde lejos queda ya patente el carácter abierto del edificio con sus largos brazos que dan la bienvenida al visitante.

Mientras el espacio libre creado por su arquitectura curvilínea permite que la ciudad entre en el Centro, el camino se va ensanchando hasta formar una explanada, un espacio urbano público que se enrosca dentro del edificio. Al ofrecer este espacio a la ciudad, el edificio la atrae y retrocede al mismo tiempo para abrazarla. Este retroceso tiene en cuenta, asimismo, el factor tiempo: el tiempo que los adolescentes pueden necesitar para decidir entrar o no en las instalaciones. Una posibilidad es entretenerse en las escaleras, mezclándose con aquellos que, inevitablemente, aprovechan ese espacio abierto, verde y protegido.

El vestíbulo de entrada es una extensión natural de la explanada. Ocupa la totalidad de la planta baja de tal forma que desde el mismo se vislumbra el jardín que se halla algo más lejos. Es una invitación a entrar. El hospital no ha quedado desterrado sino que se le mantiene a una cierta distancia. Lo que sí es verdaderamente cierto es que el vestíbulo pertenece a la ciudad: abierto, transparente,

conectado directamente con la calzada y relacionado con el bulevar del que obtiene su vitalidad. Ubicado dentro del mismo volumen, el espacio de consultas se abre al jardín que se halla más abajo —muy cerca del vestíbulo pero, aún así, separado del mismo. El Centro se organiza vertical- mente de norte a sur, permitiendo así que surja una relación entre la ciudad y el jardín.

Por encima del vestíbulo de entrada se halla la zona de hospitalización. Si los pasillos reflejan el carácter dinámico del bulevar, la luz natural de las habitaciones crea la impresión de espacio donde el nivel de intimidad está controlado por la modulación de la fachada transparente. La luz del sol procedente del sur proyecta una sombra cambiante de hojas con franjas de luz reflejadas por los cantos de las lamas de vidrio de las persianas y la cara norte se caracteriza por un frondoso muro de vidrio coloreado de verde. Otro jardín sencillo y hermoso se halla situado en la parte superior del edificio, una terraza que da sobre el jardín contiguo de Val de Grace. Uno se siente a la vez seguro y libre, pero también protegido. La idea original de este diseño es que los jóvenes pacientes también se sientan seguros y libres en este ambiente, a la vez que protegidos.

During the industrial revolution SOMCO1 was founded to address the unbearable living conditions of workers. A decision was made to construct a residential complex according to the English model: single-family homes with gardens and in 1853 engineer Émile Müller designed terraced houses with gardens on single lots. The 'Cité manifeste' was composed of 200 residential units on 60 hectares. By the end of the 19th century, 1,240 residential units had been constructed and what was once a peripheral area had become an integrated part of the city centre due to rapid urban growth.

Over time, the entire quarter has changed considerably. The individual residential units have been adapted in different ways and many are now empty since they are considered too small by today's standards.

On the occasion of its 150th anniversary, SOMCO decided to forge a new path by adapting to the changed living structure of the residents and the resulting new requirements for community housing. A total of 61 high-quality apartments were to be constructed corresponding to the means of average-income residents. Five teams of architects (Jean Nouvel, Shigeru Ban / Jean de Gastines, Lewis+Block, Art'M architecture) were invited to participate and together they worked on the development of the former Schoettlé grounds with each team having a long narrow lot at its disposal.

While working on their project for fourteen individual adjacent flats, Lacaton and Vassal profited from many years of experience in the building of generous residential spaces at low cost. Once again, the assumption was to construct more widely spaced, open, free, bright, comfortable and cost-effective apartments than is the case with conventional residences.

First of all, the simple and functional shell-shaped structure was erected with the volume then being divided into individual apartments. The ground floor consists of a ferro-concrete structure with a room height of 3 metres and generous glazing which can be opened. A greenhouse is located on this foundation, part of which is insulated and can be heated, and the other part left as a winter garden. These two parts are divided by interior glass elements which can also be opened. Automatic ventilation flaps on the roof regulate the interior climate and horizontal interior shading elements provide additional comfort.

The apartments – which are double the size of standard apartments – stretch along the whole width of the tract. Each one has two living levels of different sizes: either a large area on the ground floor and a small one on the upper floor or vice-versa.

Social Housing (14 Dwellings in Cité manifeste)
Mulhouse, France
Anne Lacaton, Jean-Philippe Vassal / Lacaton & Vassal Architectes

Credits   Client: SOMCO (Société Mulhousienne des Cités Ouvrières-SA HLM). Collaborators: David Duchein, David Pradel. Electrical: INOTEC. Quantity surveyor / Asesor de costes: E2I. Structural engineering: LOEB Ingenierie. Metal structure: CESMA.

1987 Office of Lacaton & Vassal Architectes established in Bordeaux
2000 Offire moved to Paris

Anne Lacaton
1955 Born in Saint-Pardoux la Rivière, France
1980 Diploma in Architecture, Ecole d'architecture de Bordeaux
1984 Diploma in Town Planning, Université de Bordeaux
2003-04 Visiting Professor, Ecole Polytechnique Fédérale de Lausanne

Jean Philippe Vassal
1954 Born in Casablanca, Morocco
1980 Diploma in Architecture, Ecole d'architecture de Bordeaux
1992-99 Professor, Ecole d'architecture de Bordeaux
Since 2002 Visiting Professor, Ecole d'architecture de Versailles

Major Competitions/
Principales concursos
1997 Finalist: Franco-Nambian Cultural Centre, Whindoek, Namibia
1999 Finalist: Hotel, Lugano, Switzerland and Finalist: Congress Hall, Bordeaux

2002 1st Prize: School of Business and Managment, Université Montesquieu, Bordeaux
2003 1st Prize: School of Architecture, Nantes
2004 Architecture Foundation, London

Awards and Distinctions /
Premios y distinciones
1991 Albums de la jeune architecture
1999 Grand Prix national d'architecture jeune talent
2002 Equerre d'argent, shortlisted: Nantes Office Building
2003 European Union Prize for Contemporary Architecture - Mies van der Rohe Award: Palais de Tokyo (finalist), University of Arts and Human Sciences (selected)

Major Works / Principales obras
1993 Latapie House, Bordeaux–Floirac, France
2001 Cafe, Architektur Zentrum, Vienna
2001 University of Arts and Human Sciences, Grenoble
2002 Office Building, Nantes, France
2004 Site for Contemporary Creation, Palais de Tokyo, Paris

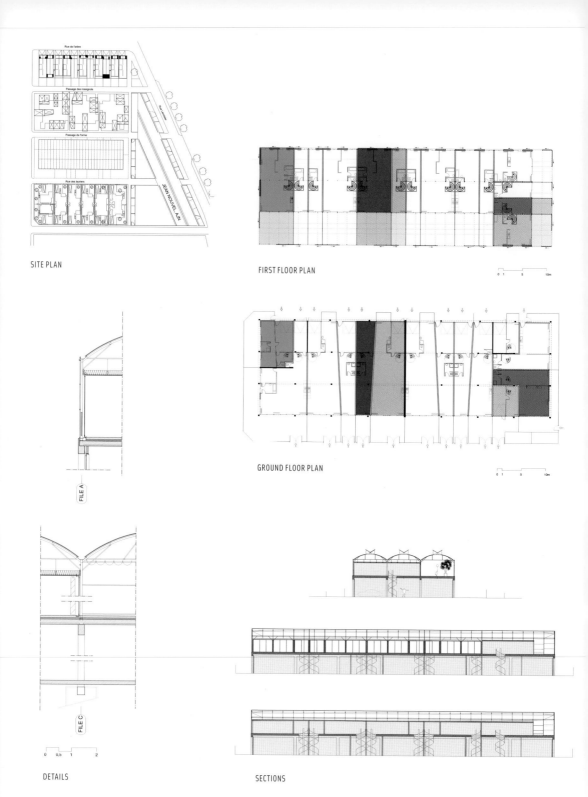

SITE PLAN

FIRST FLOOR PLAN

0 1   5   10m

GROUND FLOOR PLAN

0 1   5   10m

FILE A

FILE C

0 0,5 1   2

DETAILS

SECTIONS

Viviendas sociales (14 viviendas en Cité manifeste) Mulhouse, Francia
Anne Lacaton, Jean-Philippe Vassal / Lacaton & Vassal Architectes

Durante la revolución industrial se fundó SOMCO1 para tratar de corregir las insoportables condiciones de vida que sufrían los trabajadores. Se decidió construir un complejo residencial siguiendo el modelo inglés: casas unifamiliares con jardines. En 1853 el ingeniero Émile Müller diseñó casas adosadas con jardín en parcelas individuales. La 'Cité manifeste' constaba de 200 unidades residenciales repartidas en un total de 60 hectáreas. A finales del sigo XIX, se habían construido 1.240 unidades residenciales y aquello que en el pasado había sido una zona periférica se había convertido en una parte integrada en el centro de la ciudad debido al rápido crecimiento urbano.
Con el tiempo, todo el barrio ha sufrido considerables cambios. Las unidades residenciales individuales se han ido modificando de diferentes maneras y actualmente, muchas están vacías porque se consideran demasiado pequeñas para los criterios actuales.
Con ocasión del 150 aniversario, SOMCO decidió emprender una nueva vía adaptándose a la nueva estructura de vida de los residentes y a los nuevos requisitos resultantes para las viviendas comunitarias. Era necesario construir un total de 61 apartamentos de alta calidad que tuvieran en cuenta que los residentes tienen unos ingresos medianos. Se invitó a cinco equipos de arquitectos (Jean Nouvel, Shigeru Ban / Jean de Gastines, Lewis + Block, Art'M architecture) a participar en su construcción y, conjuntamente, trabajaron en el desarrollo de los antiguos terrenos de Schoettlé.

Cada equipo dispuso de una parcela larga y estrecha. Mientras trabajaban en su proyecto para construir catorce pisos individuales, Lacaton y Vassal se beneficiaron de sus muchos años de experiencia en la construcción de espacios residenciales amplios de bajo coste. De nuevo, la premisa era construir apartamentos más espaciosos, abiertos, libres, iluminados, cómodos y rentables que los convencionales.
En primer lugar, la estructura simple y funcional en forma de carcasa se construyó con el volumen dividiéndose en apartamentos individuales. La planta baja consiste en una estructura de hierro y hormigón con una techo de tres metros de altura y un acristalamiento generoso que se puede abrir. Sobre esta base se ubica un invernadero, parte del cual tiene calefacción y aislamiento térmico. La parte restante es un jardín de invierno. Ambas partes se separan mediante elementos de vidrio que también pueden abrirse. Unos basculantes automáticos de ventilación, colocadas en el tejado, regulan el clima interior y unos elementos horizontales de sombra en el interior proporcionan un mayor confort.
Los apartamentos, dos veces mayores que los convencionales, ocupan todo el ancho del solar. Cada apartamento consta de dos niveles de dimensiones diferentes: una zona amplia en el piso inferior y una pequeña en el superior o viceversa.

Completed in 1765, the first church in the parish of Kärsämäki was located on a beautiful site on the riverbank. Later it became too small and dilapidated so it was demolished in 1841. Although the idea of rebuilding the old church arose in 1998, there was no existing documentation about it. Thus, architect Panu Kaila's idea to build a new, modern church using traditional 18th century methods was enthusiastically received and a competition was organised within the Department of Architecture at the University of Oulu.

Based on the winning entry, the building comprises two basic parts: a log-built 'core' and a black, tarred and shingle-clad 'cloak', with the concept being to generate an atmosphere of archaic simplicity and optimal weather resistance. The space between the cloak and the church houses the vestibules, vestry and a storeroom. The entry is a dimly lit space that leads towards the lighter-coloured main space lit by natural light from a lantern skylight – a space for quiet contemplation. When night falls, it is lit by movable, candle-lit glass lanterns and tinplane lanterns carried by churchgoers. There is no fixed seating in the church and the altar is movable.

The building method employed generated an end result with a unique atmosphere and finish, very seldom attained in a building today. The logs for the loadbearing frame were felled from forests owned by the parish. A third of the log frame was erected on a field by the building site and when the foundations were completed, it was moved into place and the rest of the walls were assembled to their full height. The inner and outer surfaces of the log frame were hewn with a broad axe and the roof structures were constructed on-site mainly of 5 x 5 inch sawn timber. The work was partly carried out with old tools or tools fabricated after old models. A total of 50,000 shingles were needed for the roofing and cladding of the church. Made of aspen, they were dipped in hot tar prior to being fixed in place.

Although the shingle church is small, the exceptional hand-made building methods required an extensive amount of investigation into traditional building techniques. Much adaptation was needed and new solutions based on age-old traditions were devised. Long hours of discussion and exchange of thoughts with builders and designers in different fields helped in finding the right solutions.

Kärsämäki Church Kärsämäki, Finland
Anssi Lassila / Lassila Hirvilammi Architects

Credits Client: Parish of Kärsämäki. Engineering: Jussi Tervaoja. Ecclesiastical textiles: Päikki Priha.
Construction: By parishioners of Kärsämäki Church.

2001 Office of Lassila Mannberg Architects established in Oulu, Finland
2004 Office of Lassila Hirvilammi Architects established in Seinäjoki, Finland

Anssi Lassila
1973 Born in Soini, Finland
2002 Diploma in Architecture, University of Oulu
1999-2004 Tutor in Architecture, University of Oulu

Major Competitions / Principales concursos
1997 Honourable Mention: Tuusula Ecological Residential Area
1998 2nd Prize: Farm 2000 (with T.Fyrsten, V.Niskasaari)
1999 1st Prize: Kärsämäki Church
2001 1st Prize: Klaukkala Church and Parish Centre

Awards and Distinctions / Premios y distinciones
2002 Carin ja Erik Bryggmann Foundation Prize, Mention: Kärsämäki Church
2002 Woodprize, Mention: Kärsämäki Church
2004 Construction of the Year in Northern Finland: Kärsämäki Church
2004 European Façade Contest, 2nd Prize: Kärsämäki Church

2005 Concrete Structure of the Year 2004, Honourable Mention: Klaukkala Church and Parish Centre

Major Works / Principales obras
2000 Ski Villa Keisu / Virtanen, Ruka, Finland (with J.Laurila)
2004 Klaukkala Church and Parish Centre, Nurmijärvi, Finland

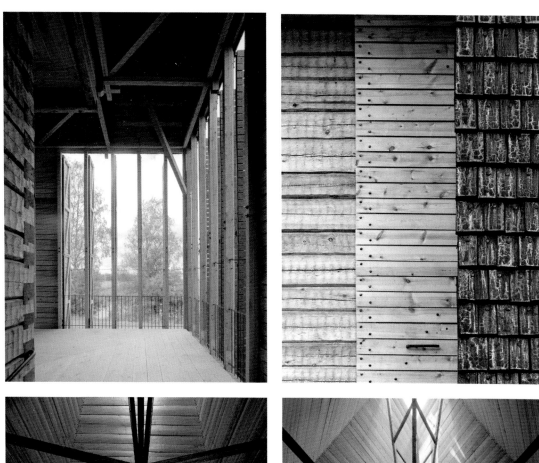

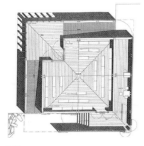

PLAN

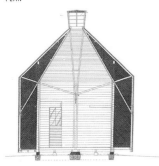

SECTION

SITE PLAN

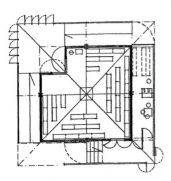

SEATS VARIATIONS

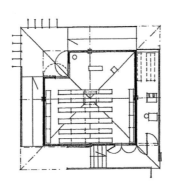

LANTERN DETAIL

EAVES DETAIL

MIDDLE JOINT DETAIL

Iglesia de Kärsämäki Kärsämäki, Finlandia
Anssi Lassila / Lassila Hirvilammi Architects

Acabada de construir en 1765, la primera iglesia de
la parroquia de Kärsämäki se hallaba en un paraje hermo-
sísimo junto a la orilla del río. Con los años, dicha iglesia
empezó a resultar demasiado pequeña y acabó en estado
ruinoso por lo cual fue derribada en 1841. Aunque la idea
de reconstruirla surgió ya en 1998, no se halló documentación alguna sobre la misma. Por esta razón, la idea
–del arquitecto Panu Kaila de construir una iglesia nueva
y moderna utilizando los métodos tradicionales del siglo
XVIII fue acogida con entusiasmo y se organizó un concurso
dentro del departamento de arquitectura de la Universidad de Oulu.
Según lo que se indica en el proyecto ganador, el edificio
está compuesto por dos partes básicas: un 'núcleo'
construido con troncos de árbol y una 'capa' negra, alqui-
tranada y revestida de tablillas de madera, con la idea
de suscitar un clima de simplicidad arcaica y ofrecer, a la
vez, una resistencia óptima a las inclemencias del tiempo.
El espacio comprendido entre la capa de recubrimiento
y la iglesia propiamente dicha, alberga los vestíbulos, la
sacristía y un almacén. La entrada es un espacio iluminado
con una luz muy tenue que lleva hacia el espacio principal,
de colores mas claros, iluminado con luz natural procedente de una claraboya –un espacio dedicado a la contemplación. Al caer la noche, todo se ilumina mediante farolillos
de vidrio y hojalata con velas en su interior que llevan los
propios parroquianos. En la iglesia no hay asientos fijos

e incluso el altar puede desplazarse de un sitio a otro.
El método de construcción utilizado en este caso dio lugar
a un resultado final con un ambiente y un acabado
singulares, algo raras veces alcanzado en construcciones
actuales. Los troncos empleados para crear la estructura
de soporte de carga fueron talados en los bosques
propiedad de la parroquia. Una tercera parte de dicha
estructura fue erigida en un campo contiguo al lugar
de la obra y, una vez acabados los cimientos, se trasladó a
su sitio y el resto de los muros se montó allí mismo en toda
su altura. Las superficies interna y externa de la estructura
de troncos fueron talladas mediante un hacha ancha y las
estructuras de la cubierta se construyeron in situ principalmente con tablones de madera aserrada de 12,7 x 12,7 cm.
El trabajo se realizó en parte con herramientas antiguas
o herramientas fabricadas según modelos antiguos.
Para la cubierta y el revestimiento de la iglesia se necesi-
taron 50.000 tablillas de álamo que fueron sumergidas
en alquitrán caliente antes de ser colocadas en su sitio.
Aunque la iglesia sea pequeña, los excepcionales métodos
de construcción manuales exigieron un enorme trabajo
de investigación en el tema de las técnicas tradicionales
de construcción. Hubo que realizar muchas adaptaciones
y diseñar nuevas soluciones basadas en tradiciones ances-
trales. Tras largas horas de debate e intercambio de ideas
entre constructores y diseñadores de distintos campos,
se consiguió alcanzar las soluciones correctas.

The Barcelona International Convention Centre
consists of a large hall of 15,000 m² (161,500 sq.ft.)
with an 80 m (262 ft) span that can be subdivided
and a separate service annexe giving on to the sea.
The hall is both structure and abstraction;
the annexe talks to both sea and sky.
The unyielding structure is the basic score.
The weather, light (and its counterpart: shade),
sound (and its counterpart: silence) are the strains.
The flow of both people and fluids (not so
 different), the crowds and the architecture that
emerges and (often) vanishes among them.

Barcelona International Convention Centre
Barcelona, Spain
Josep Lluís Mateo / MAP Arquitectes

Credits   Client: Ajuntament de Barcelona-Barcelona Regional/Infrastructues del Llevant, S.A. MAP Project team : Jordi Pagès
(Project director), Anna Llimona (Building director), In situ design and building supervision: Yolanda Olmo (Structure and
installations coordination), Virginia Daroca, arch. (Interior finishes), Xavier Monclús (technical architect), Marc Camallonga,
David Carim, Lucas Echeveste, Pasqual Bendicho, Carlos Montalbán, Héctor Mendoza, Elsa Bertán, Pilar Ferreres, Luis Falcón,
Odón Esteban, Cristina Pardal, Alexis López, Eva Egler (Administration). Structures: Obiol-Moya y Asociados, S.L. / Agustí Obiol
(Manager). Installations: INDUS (Production project and on-site management) / Jordi Pedrerol Jardí (Manager). Fire protection:
F. Labastida. Lighting and illumination: ARUP-Spain. Façades: Biosca & Botey / Xavier Ferrés Padró (Technical manager).
Acoustics: Estudi Acústic Higini Arau. Lansdscape: Manel Colominas. Strategies and programmes: DEGW (London). Kitchen
installations: Xavier Torrents. Graphic Design: Mario Eskenazi. Art piece: Cristina Iglesias. Project Management: IDOM /
Marc Serer (Direction, project manager) / Angel Rotea (Technical architecture). Civil works: UTE (Temporary Joint Enterprise):
Fomento de Construcciones y Contratas (FCC) / Ferrovial / COMSA / Enric Fernández (Manager). Installations: (M&E): Emte, S.A.,
Klimacal, S.A., Interservicios y Tecnología, S.A., Suris, S.A. UTE / Daniel Davicino (Manager).

1991 Office of MAP established
in Barcelona

Josep Lluís Mateo
1949 Born in Barcelona
1974 Diploma in
Architecture, Escola Tècnica
Superior d'Arquitectura
de Barcelona (ETSAB)
1994 Doctorate cum laude,
ETSAB
1976-96 / 1996-2000 Associate
Professor / Professor, ETSAB
1993-94 Visiting Professor,
Eidgenössische Technische
Hochschule (ETH), Zurich

1999-2000 Visiting Professor,
Staaliche Akademie der Bildende
Künste, Stuttgart
Since 2002 Professor, ETH

Major Competitions /
Principales concursos
1999 1st Prize: Castel Branco
Cultural Centre, Portugal
2002 1st Prize: Sant Jordi
Students' Housing and UB Media
Foundation, Barcelona
2004 1st Prize: New Central
Entranre for National Gallery,
Prague
2004 1st Prize: Filmoteque
of Catalonia, Barcelona
2004 1st Prize: Two Office
Buildings for Cornellà Office Park

Awards and Distintions /
Premios y distinciones
1991 Santander Biennial Prize:
Development of Medieval Town
of Ullastret
1993 FAD Prize, special mention:
Central Building for Sports
Centre, Universitat Autónoma
de Barcelona
2001 Grupo Dragados Prize
and Fundación CEOE Prize:
Borneo Housing Block
2001 COAIB Prize for Best
Single-Family House: Artà House

Major Works / Principales obras
1985 Development of Medieval
Town of Ullastret, Spain
1993 Joan Guëll Multifunctional
Complex, Barcelona
2000 Borneo Housing Block,
Amsterdam
2001 Artà House, Mallorca, Spain
2004 Bundesbank Headquarters,
Chemnitz, Germany

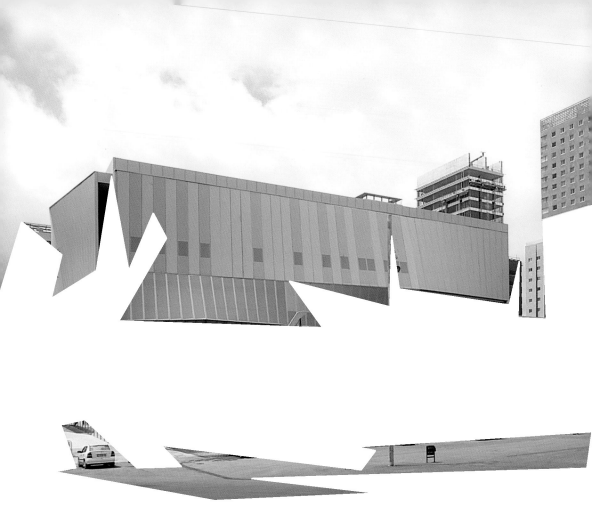

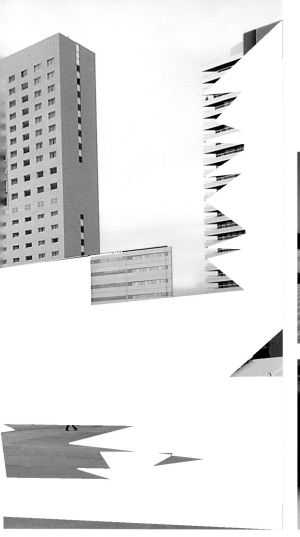

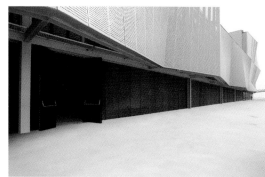

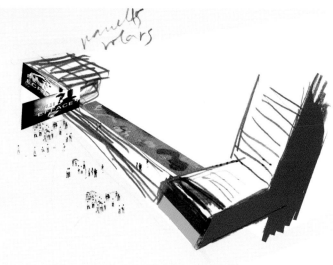

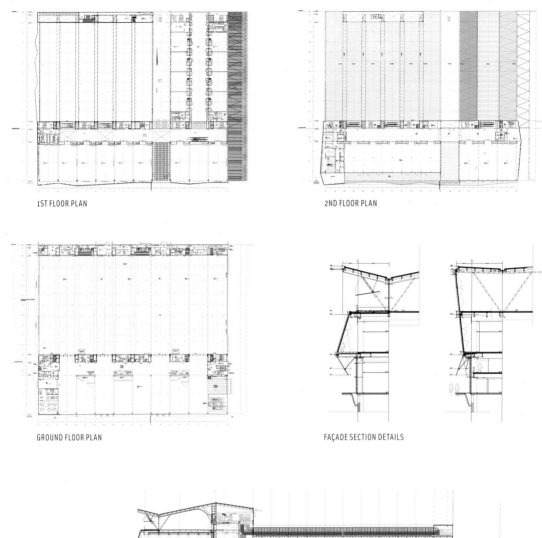

1ST FLOOR PLAN

2ND FLOOR PLAN

GROUND FLOOR PLAN

FAÇADE SECTION DETAILS

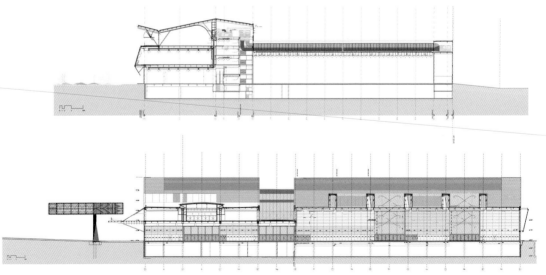

SECTIONS

Centro de Convenciones Internacional de Barcelona Barcelona, España
Josep Lluís Mateo / MAP Arquitectes

El Centro de Convenciones Internacional de Barcelona
consiste en una gran sala (15.000 m^2, 80 m. de luz
estructural) divisible y un bloque de servicios anexos,
abierto al mar.
La sala es estructura y abstracción; el bloque exterior
habla con el mar y el cielo.
La estructura resistente es una partitura de referencia.
El clima, la luz (y su opuesto: la sombra), el sonido
(y su opuesto: el silencio) han sido argumentos.
Los flujos (de gente y de fluidos, no tan diversos),
las masas y la arquitectura que aparece y (frecuentemente)
desaparece entre ellos.

SCOTLAND IS A LAND … IT IS NOT A SERIES OF CITIES.
THE OPEN SITE…

The land itself will be a material, a physical building material. We would like the qualities that the peat gives to the water and turf were the basis for the new Parliament. This is a way of making a conceptual distance from Holyrood Palace. Whereas the Palace is a building set on the landscape, related to the gardening tradition, the Scottish Parliament would be slotted into the land. The perception of the place and the scale of the site will change drastically when the end of Canon Gate is opened.

THE PARLIAMENT SITS IN THE LAND, because it belongs to the Scottish land. From the outset we have worked with the intuition that individual identification with land carries collective consciousness and sentiments. The Parliament should be able to reflect the land it represents. The building should arise from the sloping base of Arthur's seat and arrive into the city almost surging out of the rock.

THE SEATS OF THE PARLIAMENT ARE A FRAGMENT OF A LARGE AMPHITHEATRE WHERE CITIZENS CAN SIT ON THE LANDSCAPE.

The natural amphitheatre will be the first form in the land. We hope that what emerges from this form is a series of identifications between the building and the land, between land and citizens, between citizens and the building. Not just an 'image' but a physical representation of a participatory attitude to sit together – gathering. Instead of an overwhelming monument, which only relates to dimensions and rhetorical forms, we like to think about it in terms of a psychological approach. What is the mental image of the new Parliament? How will all of us, citizens, relate in our mind to the new Parliament? The Parliament should belong to a broader concept. The specific place should not be crucial. The Parliament building should come out of a clear and strong statement… in a way independent of site circumstances… Any strong statement should carry political implications… The Parliament is a form in people's mind. It is a mental place. That place should be expressed in the site. We have the feeling that the building should be land… built out of land…
To carve in the land the form of gathering people together. Neither a building in a park nor a garden. Citizens, sitting, resting, thinking but in a similar place and position as members of Parliament.

The Scottish Parliament Edinburgh, United Kingdom
Enric Miralles, Benedetta Tagliabue / EMBT Arquitectes Associats
Brian Stewart, Michael AH Duncan / RMJM

Credits Client: The Scottish Parliamentary Corporate Body. EMBT office team: Joan Callis, Karl Unglaub (project architects), O.Arbel, F.Asunción, F.Bartsh, S.Bacaus, S.Belli, A.Benaduce, E.Bottigella, S.Brunner, S.Brussaferi, A.Caspado, C.Chara, E.Cirulli, M.de la Porta, L.Di Romanico, R.du Montard, M.Eichhorn,V.Franza, C.Felber, J.García, S.Geenen, P.Giacobbe, L.Giovannozzi, F.Hannah, S.Hay, A.Henao, S.Henriques, C.Hitz, R.Jiménez, K.Kinder, G.Lambrechts, C.Lucchini, J.Locke, F.Matucci, Ch.Molina, F.Mozzati, F.Mc Ardle, A.Nasser, S.Nicoletti, P.Ogesto, N.Pröwer, B.Ríos, J.Rollán, P.Sándor, M.Santini, T.Sakamoko, G.Silva, T.Skoetz, A.Strong, C.Stauss, S.Stecklina, A.Vrana, F.Vechter, U.Viotto. RMJM architects, space planners, visualisation and structural engineers: John Kinsley (project architect), A.Allan, G.Alston, W.Anderson, G.Ascoine, M.Bingham, M.Blane, A.Boot, S.Brims, J.Brown, I.Burns, A.Bushell, C.Cairns Ford, A.Campbell, D.Carmichael, A.Carter, J.Cassidy, S.Costa Santos, B.Croall, C.Davies, A.Dickson, J.Doogan, C.Doughty, M.Dowey, J.Dwyer, M.Einwachter, N.Finlay-Coulson, E.Franks, R.Gibson, P.Goh, C.González-Longo, C.Gordon, G.Gray, K.Grubb, D.Hamilton, G.Hanley, F.Hay, T.Hay, A.Hodgkinson, W.Homal, C.Hovell, G.Hulley, M.Hutcheson, T.Hutcheson, T.Hutcheson, D.James, G.James, T.Kettle, K.Khalifah, C.K.Khoo, M.Lee, A.Lyall, P.MacDonald, K.MacRae, D.Malley, T.Malley, G.Marshall, J.Marshall, D.Maxwell, V.McAllum, H.McDonald, W.McElhinney, G.McGregor, N.McLean, C.McLeod, F.McNeil, D.McPherson, C.McWilliam, J.Messer, D.Miller, J.Milne, R.Milne, M.Molendini, A.Morrison, L.Muldownie, K.Ott, C.Patterson, L.Pal lerson, C.Pittman, N.Ponniah, J.Radcliffe, A.Raible, K.Raitt, J.Ramsay, D.Reat, L.Reid, A.Rose, J.Sharman, M.Somers, M.Song, K.Spence, C.Stephen, A.Stubbs, P.Syme, M.Thagaard, B.Thomas, F.Tie, M.Tough, L.Walder, C.Walsh, N.Ward, A.Welch, J.Welsh, P.White, R.Wober, B.Woger, C.Y.Yap. RMJM Landscape architects: Kenny Fraser (project leader), L.Coombe, N.Henderson, K.MacTaggart, D.McKeen, S.Richards, L.Soukup, R.Smith. RMJM Building services engineers: G.Andrew Elliot (director), M.Christie, R.Crook, T.Doherty, R.Doyle, P.Elsdale, D.Floyd, G.Gibson, I.Harper, J.Hodgson, F.Kelso, S.Low, A.Lumsden, G.Lusk, R.McEwan, I.McIntosh, N.McKenzie, A.Melichar, M.Murray, N.Patterson, N.Pearson, G.Philips, G.Reilly, R.Renwick, J.Simkin, N.Sloan, C.Smith, G.Wilson, K.Wilson. Construction manager: Bovis Lend Lease. Quantity surveyor: Davis Langdon Everest. Structural engineering: Ove Arup & Partners. Façades: Arup Facades. Acces consultant: Buro Happold Fedra. Catering consultant: Merritt-Harrison Catering Consultants. Fire consultant: WS Atkins. Art procurement: Art in Partnership. Designer of public exhibition: Graven Images. Environmental consultants: ECD Energy & Environment. Lighting: Office for Visual Interaction OVI / Enrique Peineger. Building control advisors: Cairns Property Services. Planning supervisors: Turner Townsend Management Systems. Acoustic consultants: Sandy Brown Associates. Lime consultants: Scottish Lime Centre. Signage consultants: CDT. Health and safety regulations advisors: Health & Safety Executive Advisors. Broadcasting systems: EMS.

2005 Awards Scottish Parliament: Edinburgh Architectural Association Centenary Medal / ArCat Mon-Catalonian Architecture in the World / VIII Biennial of Spanish Architecture Prize / Scottish Design Awards Architecture Grand Prix / Best Publicly Funded Building

1993 Office of EMBT Arquitectes Associats established in Barcelona

Enric Miralles (1955-2000)
1955 Born in Barcelona
1978 Diploma in Architecture, Escola Tècnica Superior d'Arquitectura de Barcelona (ETSAB)
1980 Fullbright Scholarship, Columbia University, New York
1986 Doctorate in Architecture, ETSAB
1987-89 Visiting Professor, Columbia University
1997 and 99 Honorary Member, American Institute of Architects and Bund Deutscher Architekten
1985-2000 Professor, ETSAB
1990-2000 Professor, Master Class, Städelschule, Frankfurt
1992-2000 Kenzo Tange Chair, Harvard University, Cambridge, Massachusetts

Benedetta Tagliabue
1963 Born in Milan
1989 Diploma in Architecture, Istituto Universitario di Architettura di Venezia (IUAV)
1994-2000 Assistant Professor, Master Class, Städelschule

2001-05 Master Workshop Director, ETSAB
2004 Honorary Member, Royal Institute of Architects of Scotland (RIAS)
2004 Doctor of Arts Honoris Causa, Napier University, Edinburgh

Major Competitions /
Principales concursos
1998 1st Prize: Istituto Universitario di Architettura di Venezia (IUAV)
2000 1st Prize: Gas Natural Headquarters, Barcelona
2001 2nd Prize: Caltrans Head-quarters, Los Angeles, California
2002 1st Prizes: Hafencity Port Rehabilitation, Hamburg / Avinguda Meritxell Urban Plan, Andorra
2004 2nd Prize: Max Renhardt Platz, Salzburg

Awards and Distinctions /
Premios y distinciones
1995 Spanish First National Architecture Prize: Morella School (E.Miralles with C.Pinós)
1996 Golden Lion, Venice Biennial: *Sensori del Futuro* Exhibition
2001 Rietveld Prize: Utrecht Town Hall
2001 Generalitat de Calalunya Prize, Patrimony Category: Santa Caterina Market Rehabilitation
2002 BDA Honourary Award: Hamburg Music School
2004 FAD Jury Special Prize: Universidade de Vigo

Major Works / Principales obras
2000 Hamburg Music School, Germany
2000 Utrecht Town Hall, The Netherlands
2001 Parc dels colors, Barcelona
2003 Universidade de Vigo, Spain
2005 Santa Caterina Market Rehabilitation, Barcelona

Brian Stewart
1946 Born in Airdrie, Scotland
1969 Diploma in Engineering, Strathclyde University, Glasgow
1993 Member, UNESCO Mission to the Hermitage Museum, St. Petersburg

Michael AH Duncan
1939 Born in Edinburgh
1961 Diploma in Architecture (Honours) First Class, University of Edinburgh
1961 Andrew Carnegie Scholarship, Graduate School of Ekistics, Athens
1982-84 Visiting Tutor, University of Edinburgh
1994 and 2000 Royal Scottish Academy Gold Medal for Architecture

Major Competitions /
Principales concursos
1996 2nd Prize: Glasgow Millennium Arena
1999 1st Prize: Homes for the Future
2002 Finalist: Middlesbrough Town Hall Renaissance
2003 Finalist: Queen Margaret University College
2003 1st Prize: Beijing Olympic Green Convention Centre

Awards and Distinctions /
Premios y distinciones
1996 RICS Urban Renewal Award: Scottish Executive Headquarters
1998 British Council for Offices Award for Best Out-of-Town Workplace: Glaxo Wellcome World Headquarters
2000 RIAS Regeneration of Scotland Supreme Award: Homes for the Future
2002 British Construction Industry Award: William Gates Building
2003 Dynamic Place Supreme Award: The Falkirk Wheel
2004 British Council for Offices Award 'Workplace Fit Out Regional Winner Scotland': Scottish Courage Offices, Edinburgh

Major Works / Principales obras
1995 Scottish Executive Headquarters, Edinburgh
2001 William Gates Building, University of Cambridge
2002 The Falkirk Wheel, Falkirk, Scotland
2003 Dubai International Cenvention Centre, United Arab Emirates
2004 Chemistry Research Laboratory, University of Oxford

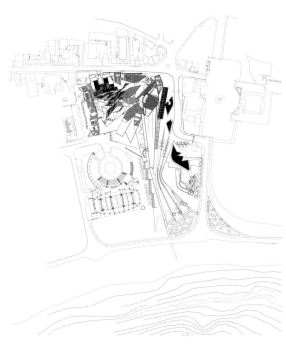

SITE PLAN

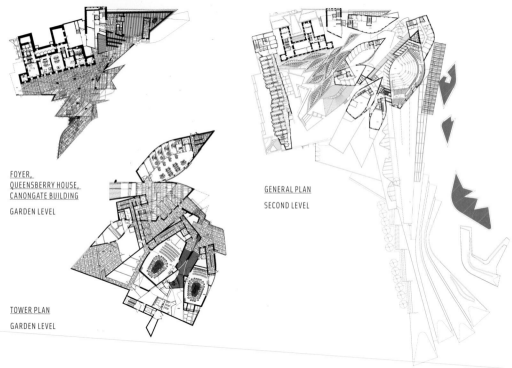

FOYER,
QUEENSBERRY HOUSE,
CANONGATE BUILDING

GARDEN LEVEL

GENERAL PLAN

SECOND LEVEL

TOWER PLAN

GARDEN LEVEL

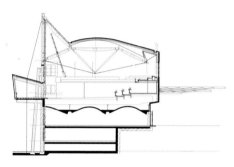

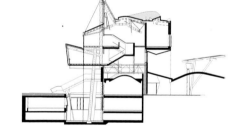

SECTIONS

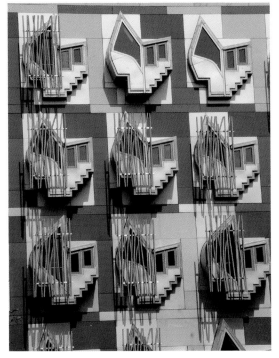

Parlamento de Escocia   Edinburgo, Reino Unido
Enric Miralles, Benedetta Tagliabue / FMBT Arquitectes Associals
Brian Stewart, Michael AH Duncan / RMJM

ESCOCIA ES UNA TIERRA... NO UNA SERIE DE CIUDADES.
EL TERRENO ABIERTO
La misma tierra será un material, un material constructivo
físico. Nos gustaría que las cualidades que la turba presta
al agua y a la hierba fuesen la base del nuevo Parlamento.
De este modo se marca una distancia conceptual
con respeto al Holyrood Palace. Mientras que el Palacio
es un edificio situado sobre el paisaje, vinculado a la tradición del cultivo de jardines, el nuevo Parlamento Escocés
quedaría encajado en la tierra.
La percepción del lugar y la escala del terreno cambia-
rán drásticamente cuando quede abierto el extremo
de Canon Gate.
EL PARLAMENTO SE REUNE EN LA TIERRA.
Desde el principio hemos trabajado con la intuición de
que la identificación del individuo con la tierra conlleva
una coincidencia y unos sentimientos colectivos.
El Parlamento debería ser capaz de reflejar la tierra a
la que representa. El edificio debería surgir de la ladera
de la silla de Arturo, para después acercarse a la ciudad,
casi como brotando de la roca.
LOS ASIENTOS DEL PARLAMENTO SON UN FRAGMENTO
DE UN ANFITEATRO MAYOR DONDE LOS CIUDADANOS
PUEDEN SENTARSE SOBRE EL PAISAJE.
El anfiteatro natural será la primera forma en el terreno.
Esperamos que de esta forma surja una serie de identifica-
ciones entre el edificio y la tierra, entre la tierra y
los ciudadanos, entre los ciudadanos y el edificio.
No sólo una 'imagen', sino también una representación
física de la actitud participativa de sentarse juntos,
de reunirse. Monumento abrumador que sólo atiende a las
dimensiones y a las formas retóricas, nos gusta enfocarlo
desde un punto de vista psicológico.
¿Cuál es la imagen mental del nuevo Parlamento?
¿Cómo nos sentiremos nosotros, como ciudadanos,
mentalmente vinculados al nuevo Parlamento?
El Parlamento debería formar parte de un concepto más
amplio. La ubicación específica no debería ser algo crucial.
El edificio del Parlamento debería surgir de una manifestación clara y vigorosa...en cierto modo independiente
de las circunstancias del terreno... Cualquier manifestación
vigorosa debería tener implicaciones políticas...
El Parlamento es una forma en la mente de la gente.
Es un lugar mental...
Ese lugar debería ser expresado en el terreno.
Tenemos la sensación de que el edificio debería ser tierra...
hecha de tierra.
Tallar en la tierra la forma que adopta la agrupación
de la gente. No un edificio en un parque ni un jardín.
Ciudadanos sentados, descansando, pensando pero
en un lugar y una postura similares a los de los miembros
del Parlamento.

Built as part of a large development to host the 2004 International Forum of Cultures, the site of the project is reclaimed land and the park was needed to extend the city edge. One of the main demands was to connect the city edge with the beach, a strip to be developed in front of the park, that would be located at an 11 metre drop in level. The citizens would in this case recover visual as well as physical access to the sea along this area of the waterfront. This was therefore the primary task of the park: to link the city level with the waterfront. The brief also required that the park would host outdoor events that would benefit from the spectacular views of the sea as a backdrop.

Proposed as an alternative to the rational geometry – artificial and linear, consistent or contradictory – and organic geometrical approximations that intend to attempt the picturesque qualities of nature, the design for the park explores strategies that produce organisationally complex landscapes. These emerge through the production of artificially generated topographies through a mediated integration of rigorous modelled orders.

The organisational prototype is borrowed from a frequent element in coastal areas: sand dunes. They are a form, a material organisation with little internal structure, merely sand shaped by wind. The programmatic distribution is fundamentally based on the analysis of the different sport and leisure activities which the park had to host and the harsh environmental conditions of this exposed location. The park's topography provides open air auditoriums and spaces for events and activities, wind protection and suitable habitats for vegetation. The topography has also been designed to control the views and sightlines for the visitor. Areas of the park are differentially protected from the prevailing southwesterly wind to provide suitable growing conditions for vegetation and also to determine zones planned for different activities as well as sightlines and areas of shade. The park allows and encourages sports and leisure activities – from walking to running, biking, skateboarding and a series of areas for performance and relaxing – by a network of paths or activity zones. Deliberately controlled by the demarcation of these zones, narrow and focused views broaden to wide and open views.

Southeast Coastal Park and Auditoriums
Barcelona, Spain
Farshid Moussavi, Alejandro Zaera-Polo
Foreign Office Architects (FOA)

Credits Client: Agencia Barcelona Regional, Council of Barcelona. Collaborators: Lluís Viú Rebes, Pablo Ros Fernández, Daniel Valle, Sergio López-Pineiro (Project architects), Marco Guarneri, Danielle Domeniconi, Niccoló Cadeo, Terence Seah, Juanjo González. Construction: Corsán-Corviam / Francisco Sánchez. Landscape architect: Teresa Galí.
Mechanical & electrical engineering: Proisotec / Josep Masachs. Project management: Europrincipia / Quim Compte.
Quantity surveyor: Tg3 / Pilar Estrada. Structural engineering: Obiol, Moya y Asociados.

1993 Office of FOA established in London

Farshid Moussavi
1965 Born in Shiraz, Iran
1989 Diploma in Architecture, Bartlett School of Architecture, London
1991 Master in Architecture MARCH II, Harvard University, Cambridge, Massachusetts
1997 Visiting Critic, Berlage Institute, Amsterdam and Professor, Hoger Architectuur Instituut Saint-Lucas, Gent; Kenzo Tange Visiting Design Critic, Harvard Graduate Design School
Since 2002 Professor, Akademie der Bildende Kunst, Vienna
Since 2005 Head, Institute of Architecture, Akademie der Bildende Kunst

Alejandro Zaera-Polo
1963 Born in Madrid
1988 Diploma in Architecture (Honours), Escuela Técnica Superior de Arquitectura de Madrid (ETSAM)
1991 Master in Architecture MARCH II, Harvard University
1992-95 Associate Professor, ETSAM
1997-2002 Visiting Critic, Berlage Institute
Since 2002 Dean, Berlage Insitute, Rotterdam

Joint Academic Experience / Comparten experiencia académica
1993-2000 Unit Master, Architectural Association (AA), London
1998 and 2001 Visiting Critics, Columbia University, New York
1999 Visiting Critics, Princeton University, New Jersey
2002 Visiting Critics, University of California, Los Angeles

Awards and Distinctions / Premios y distinciones
1999 FX International Interior Design Awards for Best Leisure Venue: Belgo Zuid Restaurant
2003 Enric Miralles Prize: International Port Terminal
2003 Kanagawa Architecture Prize: Yokohama International Ferry Terminal
2004 International Elevator Design Prize: Yokohama International Ferry Terminal
2004 Topography Prize, Venice Biennial: Novartis Park and Parking

Major Competitions / Principales concursos
2001 1st Prize, Southbank Centre International Design Competition, London
2002 Finalist (with United Architects): WTC Ground Zero, New York
2003 1st Prize: Lea Valley London 2012 Olympics and Non-Olympic Regeneration Masterplan, UK

2003 1st Prize: BBC Music Centre, London
2005 1st Prizes: Umraniye Shopping Complex, Turkey / College of Art and Design, London / Department Store and Cineplex, Leicester, UK

Major Works / Principales obras
1999 Belgo Zuid Restaurant, London, Bristol, New York
2002 Yokohama Internacional Ferry Terminal, Japan
2001 Blue Moon Aparthotel, Groningen, The Netherlands
2005 Spanish Pavilion Aichi International Exhibition 2005, Aichi, Japan

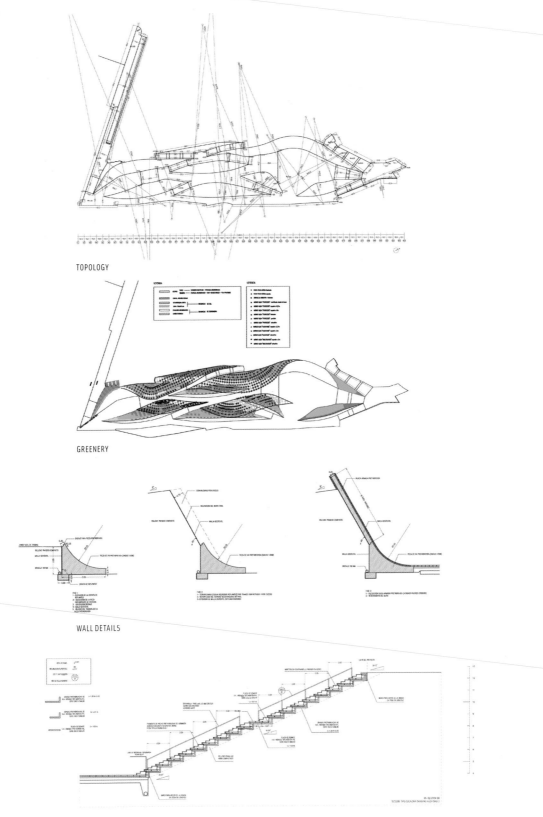

TOPOLOGY

GREENERY

WALL DETAILS

AUDITORIUM SECTIONS

Parque de los auditorios Barcelona, España
Farshid Moussavi, Alejandro Zaera-Polo / Foreign Office Architects (FOA)

Construido como parte de una gran urbanización para albergar el Forum Internacional de las Culturas de 2004, el lugar del proyecto es un terreno ganado al mar y saneado siendo el parque necesario para ampliar uno de los extremos de la ciudad. Uno de los principales requisitos era conectar el extremo de la ciudad con la playa, toda una franja por urbanizar delante del parque, situada a un nivel once metros más bajo que el límite urbano. Los ciudadanos recuperarían así el acceso visual y físico al mar a lo largo de esta zona del frente marítimo.

Ésta era, por consiguiente, la tarea primordial del parque: vincular el nivel de la ciudad con el de la costa. Las bases exigían, asimismo, que el parque fuera capaz de albergar una serie de actos al aire libre que se beneficiaran de las espectaculares vistas del mar como telón de fondo. Propuesto como alternativa a la geometría racional –artificial y lineal, coherente o contradictoria– y a las aproximaciones geométricas orgánicas que pretenden imitar las pintorescas cualidades de la naturaleza, el diseño del parque explora unas estrategias que producen paisajes organizativamente complejos. Dichos paisajes surgen gracias a la producción
de unas topografías generadas artificialmente mediante la integración de unos modelos rigurosamente ordenados. El prototipo organizativo se ha tomado de un elemento frecuente en las zonas costeras: las dunas de arena que son

una forma, una organización material con poca estructura interna, meramente arena a la que el viento confiere su forma. La distribución programática se basa esencialmente en el análisis de las diferentes actividades deportivas y de ocio que el parque debe albergar, y de las duras condiciones medioambientales de esta ubicación tan expuesta a las inclemencias del tiempo.

La topografía del parque proporciona unos auditorios y espacios al aire libre para la organización de eventos y actividades, protección frente al viento y unos habitats adecuados para la vegetación. Esta topografía se ha diseñado, también, para controlar las vistas y las líneas visuales de los visitantes. Algunas zonas del parque se hallan protegidas del viento predominante, el del sudoeste, de diferentes maneras con el fin de ofrecer las condiciones más adecuadas para la vegetación y también para delimitar las zonas previstas para las distintas actividades, así como líneas visuales y zonas de sumbra. El parque permite y fomenta las actividades deportivas y de ocio –desde el paseo hasta la carrera, el ciclismo, el monopatín–, y cuenta con unas zonas para el espectáculo o el descanso, unidas mediante una red de senderos o zonas de actividad. Deliberadamente controladas por la demarcación de dichas zonas, las vistas estrechas y limitadas se ensanchan para convertirse en otras mucho más amplias y abiertas.

The project for the restoration of the Martos Mill and Balcón del Guadalquivir in Córdoba constitute an important urban project in the city with a powerful effect on the whole, creating a wide space for parkland on the riverbank, and for the restoration of the Martos Mill, the creation of a small hydraulic museum that will centralise the public space serving as a link between the city and the park.

The view point is at the same time a place that, given the turn of the river's course, will allow the enjoyment of the sights of the outline of the old city where the constructed mass of the mosque-cathedral appears in the centre.

The mill with its new fate as a hydraulic museum allows for the recovery of a decisive piece in the industrial and productive memory of the city. The mill helps understand the link between the city and the land, the constructed medium and the experience of natural surroundings provided by the wide riverbed. The park of the view point is arranged as lineal terracing which from the upper height of the Compositor Rafael Castro Avenue descends to the bank of the river channel. This first fan is centred on the hermitage, the second serves to organise the entrances to the park through three connecting ponds going down to the river, and which bring the experience of the proximity of the water to the upper height of the avenue. There are some bridges arranged between these layers of water on the inclined levels where the water flows from one pond to another. The third fan opens out into the extensive green and treed area and leads to the different points of contact.The restoration of the mill includes the recovery of spaces that housed the hydraulic machinery in the great domed hall carefully restoring its original architecture.

Above the area of the domed hall to the north, a small construction like a storehouse (safe from floods) was found, which will now become an exhibition room of the new museum, a room with a view point encompassing views of the river and the city.

The architecture of the mill is thus crowned by a piece made with elements of light aluminium that resting on the base of the principle body of the mill, creates a space that integrates a reticular and another radial geometry. Thus an enclosure is organised, destined to be the sequential and fragmentary contemplation in an arc of one hundred and eighty degrees over the river and the city. This space in range of vision is articulated and united by two vertical axes in the glass prisms that lead the light of the zenith over the domed hall of the lower floor.

The mill and its new view point display the original integration of the mill and the territory, the new park and the old city in a true and in a metaphoric way.

Restoration of the Martos Mill and Urban Development of the Stadium Bank
Balcón del Guadalquivir, Córdoba, Spain
Juan Navarro Baldeweg / Navarro Baldeweg Asociados

Credits Client: Gerencia de Urbanismo de Córdoba (Procórdoba. Proyectos de Córdoba Siglo XXI). Construction companies: Fomento de Construcciones y Contratas FCC (urban development); Freyssinet y Nexo (restoration of the Martos Mill). Conceptual and pre-schematic design studies: Fernando G.Pino, Marcello Maugeri, Andrés Jaque Ovejero. Project: Fernando G.Pino, Marcello Maugeri. Works management: Juan Navarro Baldeweg, Fernando G.Pino. Structural engineers: Jose María Fernández Álvarez. Mechanical/electrical systems: ARGU Ingeniería y Servicios. Quantity surveyor: Eduardo Velayos, Rafael Pérez Morales. Quality assurance: Vorsesi.

1975 Office of Navarro Baldeweg
Asociados established in Madrid

Juan Navarro Baldeweg
1939 Born in Santander, Spain
1965 Diploma in architecture,
Escuela Técnica Superior de
Arquitectura de Madrid (ETSAM)
1969 Doctorate, ETSAM
Since 1977 Teaching Chair,
ETSAM
1990 Eero Saarinen Chair,
Visiting Professor, Yale
University, New Haven
1992 Jean Labatut Chair, Visiting
Professor, Princeton University
1997 Kenzo Tange Chair, Visiting
Professor, GSD, Harvard
University, Cambridge,
Massachusetts
2000 Visiting Professor, ETSAV,
Sant Cugat del Vallès, Barcelona

Major Competitions /
Principales concursos
1985 1st Prize: Congress
and Exhibition Centre
1997 1st Prize: Cultural Centre,
Benidorm, Alicante, Spain
2000 1st Prize, Limited
Competition: Dramatic Arts
and Dance Centre, The Canal
Theatre, Madrid
2002 1st Prize, Limited
Competition: Asturias University
Central Hospital Rehabilitation,
Spain

2002 1st Prize, Limited
International Competition:
Music and Scenic Arts Centre,
Vitoria-Gasteiz, Spain

Awards and Distinctions /
Premios y distinciones
1988 Architecture and Urbanism
Annual Prize: Hydraulic Museum
and Cultural Centre
1990 Spanish National Art Prize
1993 Architecture in Stone
International Prize: Congress
and Exhibition Centre
1998 Heinrich Tessenow
Gold Medal
2001 Honorary Fellow: American
Institute of Architects
2003 XVII Urbanism,
Architecture and Public Works
Prize 2002: *Gaudí Univers*
Exhibition, Museo Nacional
Centro de Arte Reina Sofía,
Madrid

Major Works / Principales obras
1987 Hydraulic Museum and
Cultural Centre, Mills on the
Segura River, Murcia, Spain
1992 Congress and Exhibition
Centre of Castilla y León,
Salamanca, Spain
1996 Courthouse, Maó,
Menorca, Spain
1997 Woolworth Centre of Music
Addition and Library, Princeton
University, New Jersey
2000 Altamira Museum and
Research Centre, Santillana
del Mar, Spain

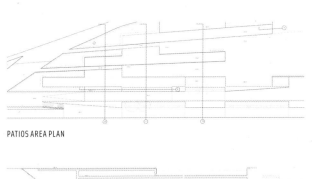

PATIOS AREA PLAN

SITE PLAN

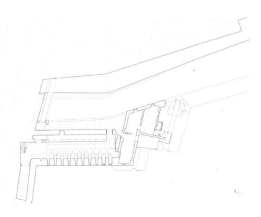

WATER FLOW SECTIONS

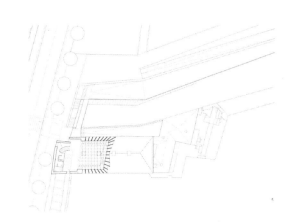

GROUND PLAN MILL-ROOM LEVEL

GROUND PLAN EXHIBITION LEVEL

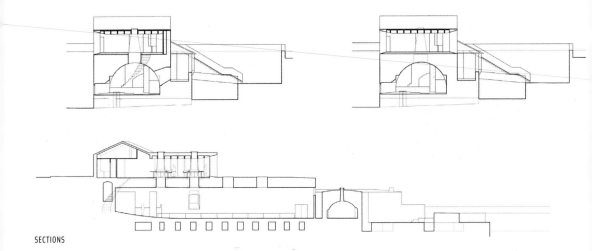

SECTIONS

Urbanización de la Ribera del Estadio y rehabilitación del Molino de Martos
Balcón del Guadalquivir, Córdoba, España
Juan Navarro Baldeweg / Navarro Baldeweg Asociados

Los proyectos de rehabilitación del molino de Martos y el Balcón del Guadalquivir en Córdoba constituyen una gran intervención urbana en la ciudad con poderoso efecto sobre la totalidad de ella, generando un amplio espacio para parque al borde del río y, por la rehabilitación del molino de Martos, la creación de un pequeño museo hidráulico que focalizará el espacio público sirviendo de enlace entre la ciudad y el parque.

El balcón es a la vez un lugar que, a causa del giro del curso del río, permitirá el disfrute de las vistas del perfil de la ciudad antigua en la que aparece centrada la masa construida de la mezquita-catedral.

El molino ayuda a comprender el anudamiento de la ciudad y el territorio, el medio construido y el ambiente natural cuya experiencia proporciona el ancho lecho del río. Formalmente el parque sigue las directrices de tres abanicos que se despliegan desde la Ermita de los Mártires y el molino de Martos hasta el estadio y el puente del Arenal.

El primer abanico está centrado en la ermita, el segundo sirve para organizar entradas por medio de tres estanques conectados descendiendo hacia el río y que acercan la experiencia de la proximidad del agua hasta las cotas altas de la Avenida. Entre estas láminas de agua se disponen unos puentes sobre los planos inclinados por los que se vierte el agua de un estanque a otro. El tercer abanico se abre paso en una amplia zona verde arbolada, dirigiendo los caminos a los distintos puntos de contacto.

La rehabilitación del molino contempla la recuperación de los espacios que albergaban la maquinaria hidráulica en la gran sala abovedada restaurando cuidadosamente su arquitectura original. Sobre la zona de la sala abovedada se sitúa una sala de exposición del nuevo museo, una sala mirador desde la que se enmarcan vistas al río y a la ciudad. La arquitectura del molino queda así coronada por una pieza, realizada en elementos ligeros de aluminio, que apoyándose en la base del cuerpo principal del molino genera un espacio en el que se funden una geometría reticular y otra radial y en el que se organiza un recinto destinado a la contemplación secuencial y fragmentaria en un arco de ciento ochenta grados sobre el río y la ciudad. Este espacio, como una rueda óptica, está articulado y unido por dos ejes verticales en los prismas de cristal que conducen luz cenital sobre la sala abovedada de la planta baja.

El molino y su nuevo mirador exponen de un modo real y metafórico la integración original del molino y el territorio, el nuevo parque y la ciudad antigua.

The five 'sphinxes' each contain fourteen apartments arranged so as to make the most of the location and sunlight. The blocks taper in plan towards the water thereby maximising unobstructed views of the lake both from the shore and from the apartments. As one moves up the building, each floor contains one less apartment. The result is a sphinx-like profile with the sun-oriented roof terraces situated on the slanting 'back' of the mythical beast. The design of the penthouse apartments is different for each block giving rise to a rhythm of distinctive heads – a striking skyline seen from the shore approach of the Stichtse Bridge that links the new polders with the old mainland.

The sphinxes stand in a fringe of reeds that serves both as a gentle transition with the shore and a hydrophytic filter for water treatment. Concrete landing stages cut through the reeds to provide pedestrian access to the sphinxes and next to them lie the sunken entrances leading to the underwater garages that double as foundation tanks. The façades are clad with silver-coloured metal sheets. The public space has been designed as an integral part of the scheme. At five points along its length the esplanade turns into a look-out bastion, a surf beach, a village square, a wind balcony and a fishing jetty.

Sphinxes Huizen, The Netherlands
Willem Jan Neutelings, Michiel Riedijk
Neutelings Riedijk Architecten

Credits Client: Bouwfonds Noord West, Haarlem. Design team: Willem Jan Neutelings, Michiel Riedijk, Willem Bruijn, Evert Kolpa, Tania Ally, Gerrit Schilder, Lennaart Sirag, Bas Suijkerbuijk. Construction company: Coen Hagedoorn Bouw. Consulting: Bureau Bouwkunde. Structure: Ingenieursgroep van Rossum

1991 Office of Neutelings Riedijk Architecten established in Rotterdam

Willem Jan Neutelings
1959 Born in Bergen op Zoom, The Netherlands
1986 Diploma in Architecture, Technische Universität (TU), Delft
1990-96 Professor, Academie van Bouwkunst, Rotterdam and Amsterdam
1990-96 Professor, Berlage Institute, Amsterdam
1991 Maaskant Prize for Young Architects

Michiel Riedijk
1964 Born in Geldrop, The Netherlands
1989 Diploma in Architecture, TU, Delft
1990-96 Professor, Academie van Bouwkunst, Rotterdam and Amsterdam
1990-96 Professor, TUs, Eindhoven and Delft
1990-96 Professor, Academie van Bouwkunst, Maastricht
2002 Professor, Lehrstuhl für Wohnbau und Grundlagen des Entwerfens, Germany

Major Competitions / Principales concursos
1999 1st Prize: National Institute for Sound and Image, Hilversum
2000 1st Prize: Museum for City History, Antwerp
2003 1st Prize: Passengers Terminal, Maastricht-Aachen Airport
2004 1st Prizes: Kolizej Centre, Ljubljana / Casino, Utrecht / Forum for Music and Dance, Ghent

Awards and Distinctions / Premios y distinciones
1999 Rietveld Prize, Nomination: Minnaert University Building
2000 Breda Bouwkwaliteit-sprize: Breda Fire Station

2003 City of Leuven Prize: Theatre Complex STUK
2004 Rotterdam Bouwkwaliteitsprize: Müllerpier Housing Block 3

Major Works / Principales obras
1997 Minnaert University Building, Utrecht
1997 Veenman Printers, Ede, The Netherlands
1998 and 99 Fire Stations, Breda and Maastricht
2002 Theatre Complex STUK, Leuven, Belgium
2003-05 Müllerpier Housing Block 3, Rotterdam

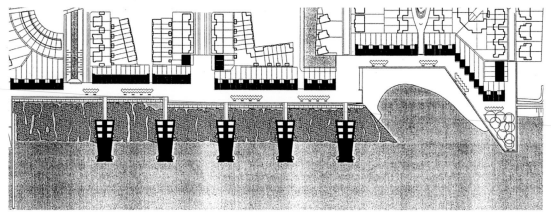

SITE PLAN

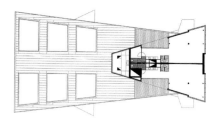

5TH FLOOR PLAN

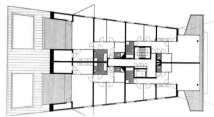

2ND FLOOR PLAN

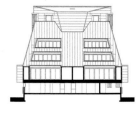

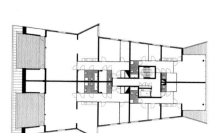

1ST FLOOR PLAN

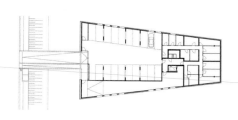

WATER LEVEL PLAN

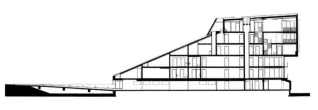

SECTIONS

Esfinges Huizen, Países Bajos
Willem Jan Neutelings, Michiel Riedijk / Neutelings Riedijk Architecten

En cada una de las cinco esfinges hay catorce apartamentos dispuestos de tal forma que se aproveche al máximo su ubicación y la luz del sol. Los bloques de pisos se van ahusando en planta hacia el agua, maximizando así las vistas directas del lago, tanto desde la orilla del mismo como desde los apartamentos. Al subir el edificio, cada planta contiene un apartamento menos. El resultado es un perfil parecido al de una esfinge con las terrazas de la cubierta orientadas hacia el sol sobre la 'espalda' inclinada de la bestia mítica. El diseño de los apartamentos del ático es diferente para cada bloque, dando así lugar a un ritmo de cabezas distintas —un horizonte llamativo visto desde el acceso de la orilla al puente Stichtse y que une los nuevos pólders con la tierra firme.

Las esfinges se hallan junto a un juncal que sirve a la vez de suave transición con la orilla del lago y de filtro hidrofítico para la depuración del agua. De entre los juncos surgen unos embarcaderos de hormigón que sirven para que los peatones puedan tener acceso a las esfinges y, junto a ellos, las entradas hundidas que llevan a los garajes subacuáticos que sirven, asimismo, como depósitos de los cimientos. Las fachadas están revestidas de láminas metálicas color plata.
El espacio público se ha diseñado como parte integral del proyecto. En cinco puntos a lo largo de su extensión, la explanada se convierte en baluarte para la contemplación del horizonte, una playa de surf, una plaza de pueblo, un balcón y un malecón para pescar.

The monastic cloister has been likened to an enclosed city with its many sub-programmes typically including a variety of functions. Not only is a monastery's programme demanding, its patterns of use are intricate. Monks lead highly structured lives, with each day ordered around a repeating sequence of services and the rising and setting of the sun. The success of monastic architecture rests as much in the way it accommodates the everyday rituals of the body as it does the rituals of religion: a monastery is both a house of God and house for men. In 1999 the abbot of the Cistercian abbey of Sept-Fons in Burgundy commissioned John Pawson to design a monastery for a new community of forty Trappist monks in Bohemia. The location for this first monastery to be built in the Czech Republic since the fall of communism was a remote 100-acre site set in woodland and incorporating a dilapidated baroque manor house with runs of derelict agricultural buildings framing a courtyard.

The scheme had a number of powerful contexts to negotiate, ranging from existing structures on the site to historically based ideas of what a Cistercian monastery should look like. Key early questions centred on issues of where to break new ground and where to work within existing frameworks. The remarkable consistency of the Cistercian Order's building programme is the result of a comprehensive blueprint drawn up in the 12th century by St Bernard of Clairvaux that laid out the various territories of the monastery as well as its specific aesthetic requirements. Pawson's aim was to remain true to the spirit of St Bernard's programme, expressing the Cistercian spirit with absolute precision, in a language free from pastiche, while introducing some new and distinctive vocabulary – the cantilevered cloister, for example, which has no precedent in Cistercian architectural history.

The scheme restores the baroque manor house and erects three wings of new architecture on the footprint of the old. The material palette is characteristically restrained, with plaster, concrete, timber and glass predominating. A quiet rigour is manifest at every junction, in the exactness with which glass meets stone, curve encounters plane and views are framed. In keeping with Cistercian aesthetic preoccupations, effects of light read as essential components of the fabric of the architecture, being used variously to add precision, drama and a sense of mystery to the experience of the spaces.

Monastery of Our Lady of Novy Dvur
Tepla u Touzime, Czech Republic
John Pawson

Credits Client: Abbaye de Sept-Fons. Project architects: Pierre Saalburg, Vishwa Kaushal, Ségolène Getti, Stéphane Orsolini. Collaborators: Jan Soukup, Ondrej Smetana, David Cigler. Landscape architect: Jonnie Bell. Engineer: Antonin Svehla.

1981 Office of John Pawson established in London

John Pawson
1949 Born in Halifax, United Kingdom
1979 Enrolled at Architecture Association, London

Major Works / Principales obras
1989 Neuendorf House, Mallorca, Spain
1995 Calvin Klein Store, New York
1996 Jigsaw Store, London
1998 Cathay Pacific Lounges, Hong Kong
2003 Private House, Germany

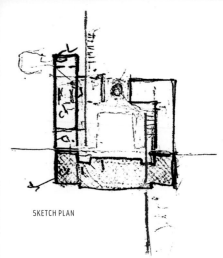

SKETCH PLAN

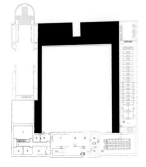

1ST FLOOR PLAN

GROUND FLOOR PLAN

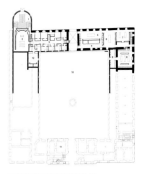

LOWER GROUND FLOOR PLAN

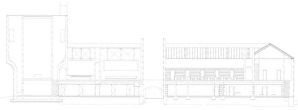

EAST WING SECTION

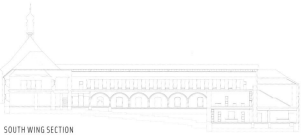

SOUTH WING SECTION

CHURCH SECTION

CLOISTER SECTIONS

Monasterio de Nuestra Señora de Novy Dvur
Tepla u Touzime, República Checa
John Pawson

El claustro de un monasterio se ha equiparado a una ciudad amurallada con muchos sub-programas que, normalmente, abarcan un sinfín de funciones. El programa de un monasterio no sólo es algo sumamente exigente sino que, además, sus pautas de uso son muy complejas. Los monjes llevan una vida muy estructurada y cada día se ordena en torno a la repetición de una secuencia de servicios, así como del amanecer y atardecer. El éxito de la arquitectura monástica se basa tanto en su forma de adaptarse a los ritos cotidianos del cuerpo como a los rituales de la religión; un monasterio es a la vez la casa de Dios y una casa para los hombres.

En el año 1999, el abad de la abadía cisterciense de Sept-Fons en Borgoña, encargó a John Pawson que diseñara un monasterio para una nueva comunidad de cuarenta monjes Trapenses en Bohemia. La ubicación de este monasterio, el primero en construirse en la República Checa desde la caída del comunismo, era un lugar remoto de 40 hectáreas en una zona boscosa y que contaba con un antiguo caserón señorial barroco en estado ruinoso contiguo a una serie de edificaciones agrícolas abandonadas alrededor de un patio. El proyecto presentaba una serie de contextos contundentes por negociar, desde las estructuras existentes en el lugar hasta una serie de ideas basadas en la historia sobre el aspecto que debería tener un monasterio cisterciense. Las cuestiones iniciales más importantes se centraron en temas tales como dónde podían plantearse ideas nuevas y dónde trabajar dentro de las estructuras existentes.

La notable coherencia del programa de edificación de la Orden Cisterciense es consecuencia de un plano exhaustivo trazado en el siglo XII por San Bernardo de Clairvaux que establecía los diversos espacios del monasterio así como sus requisitos estéticos concretos. El objetivo de Pawson fue mantenerse fiel al espíritu del programa de San Bernardo, expresando con absoluta precisión el espíritu cisterciense con un lenguaje exento de adornos innecesarios, introduciendo al propio tiempo un vocabulario nuevo y distinto —el claustro con voladizo, por ejemplo, que no tiene precedentes en la historia de la arquitectura cisterciense.

El proyecto supone la restauración de la casa señorial barroca y el levantamiento de tres nuevas alas sobre la huella de las antiguas construcciones. La gama de materiales utilizados es, como siempre, limitada, con un predominio del yeso, el hormigón, la madera y el vidrio. En cada junta se pone de manifiesto un rigor sereno, en la precisión con la que el vidrio se une a la piedra, como la curva se une al plano y en la forma de enmarcar las vistas. Respetando las preocupaciones estéticas cistercienses, los efectos creados por la luz se convierten en componentes esenciales del tejido arquitectónico y se utilizan indistintamente para añadir precisión, dramatismo y una sensación de misterio a la experiencia de los espacios.

The town hall is to function as a link between a small park on the edge of the historical linear town and the new centre which has developed on the other side of the railway. The new structure's height mediates between the elevations of the village houses lining the main road and the neighbouring five-storey residential buildings. Soft geometry and visual permeability in the ground floor result in its effortless integration into the flowing space of the new park.

The building is divided into two parts. In the upper floors bands of offices surround an open inner courtyard, creating a ring-shaped volume that floats above the Citizens' Forum on the ground floor where the most important public functions are located.

To the south and west this generous space is delimited by a half-storey height socle, while to the east and north it is fully glazed and open. The Forum contains service counters in the main space with individual offices to the rear. The City Council Chamber and related functions are also situated on the ground floor as a sculptural group of pavilion-like volumes.

The 'floating' ring of offices above the open public space on the ground floor was conceived to enable column-free spans of up to 25 metres, made possible by constructing the wall to the atrium and the outer corridor wall as 7 metre-high beams. The floors span from 7 to 12 metres cantilevering approximately 5 metres to the external façade, which is composed of two parts. The lower pavilions and the base of the building are clad in brick (reminiscent in scale and material of the rural high street) and the upper storeys are combined into a glassy ring-building with a double skin.

Given the total square metres outlined in the client's brief it was necessary to economise with the layout of the office areas to enable as much generosity as possible on the ground floor. It was decided that the limited budget should be spent strategically on those parts of the building which one touches (such as the benches and service desks) as well as on the two most emblematic spaces: the Forum and the Council Chamber. In addition to other design moves in these spaces, the client was encouraged to commission artist Folke Hanfeld to execute ceiling paintings which would lend both the Forum and the Council Chamber particular atmospheres.

Town Hall Hennigsdorf Hennigsdorf, Germany
Matthias Sauerbruch, Louisa Hutton, Jens Ludloff,
Juan Lucas Young / sauerbruch hutton architects

Credits Client: City of Hennigsdorf represented by Hennigsdorfer Gesellschaft für Stadtentwicklung. Project architects: Gunnar Tausch, Wolfgang Thiessen. Site supervision: Wilhelm Jouaux. Project team: Julia Neubauer, Florian Völker, Jürgen Bartenschlag, Andreas Weber, David Wegener. Assistants: Caroline Bock, Matthew Butcher, Daria Grouhi, Philipp Herms, Malte Kopmann, Ines Lüder, Achim Pietzker, Pieter van den Dorpe. Environmental engineering: Zibell Willner & Partner. Structural engineering: Ingenieurbüro für Bauwesen Herbert Fink. Landscape architect: STraumA. Lighting consultant: Licht Kunst Licht. Ceiling painting: Folke Hanfeld. Acoustic consultant: Akustik-Ingenieurbüro Moll. Building physics: Müller BBM. Façade simulation: Büro Lange.

1989 Office of sauerbruch hutton architects established in London
1993 Second office opened in Berlin

Matthias Sauerbruch
1955 Born in Constance, Germany
1984 Diplomas in Architecture, Architectural Association (AA), London and Hochschule der Künste, Berlin
1985-90 Unit Master, AA
1995-2001 Professor, Technische Universität, Berlin
Since 2001 Professor, Staatliche Akademie der Bildenden Künste, Stuttgart

Louisa Hutton
1957 Born in Norwich, UK
1980 BA (Honours) First Class, Bristol University, UK

1985 Diploma in Architecture, AA
1987-90 Professor, Croydon College of Art, London and Unit Master, AA
2003 Commissioner, CABE, UK

Jens Ludloff
1964 Born in Haan Rheinland, Germany
1987-94 Architectural studies, Fachhochschule, Muenster
1994 Diploma in Architecture, Politechnika Krakowska, Krakow

Juan Lucas Young
1963 Born in Buenos Aires, Argentina
1989 Diploma in Architecture, Universidad de Buenos Aires

Major Competitions /
Principales concursos
1999 1st Prize: University Administration Buildings, Hamburg
2000 1st Prize: TV-World Consortium, Hamburg
2001 1st Prize: Museum of Contemporary Art and Moving Image Centre, Sydney
2002 1st Prize: Museum for Brandhorst Collection, Munich
2004 1st Prize: ADAC Headquarters, Munich
2004 1st Prize: West Arcade KFW Bankengruppe, Frankfurt am Main

Awards and Distinctions /
Premios y distinciones
1996 AIA Award for design excellence: Photonics Centre
1998 Erich Schelling Preis

2000 RIBA Award and Stirling Prize, Shortlist: GSW Headquarters
2000 Architekturpreis: GSW Headquarters
2003 Fritz Schumacher Prize for Architecture
2005 AIA Award for design excellence: Police and Fire Station

Majors Works / Principales obras
1998 Photonics Centre, Berlin
2000 GSW Headquarters, Berlin
2001 Experimental Factory, Magdeburg, Germany
2002 Pharmacological Research Laboratories, Biberach
2004 Police and Fire Station, Berlin
2005 Federal Environmental Agency, Dessau

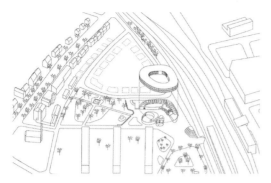

EXPLODED ISOMETRIC SITE

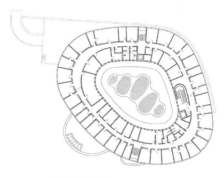

FIRST FLOOR PLAN

CEILING PAINTING

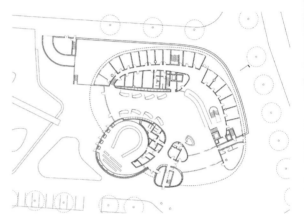

GROUND FLOOR PLAN

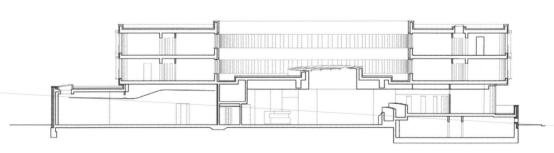

SECTION

Ayuntamiento de Hennigsdorf
Hennigsdorf, Alemania
Matthias Sauerbruch, Louisa Hutton, Jens Ludloff,
Juan Lucas Young / sauerbruch hutton architects

El ayuntamiento debe actuar de enlace entre un pequeño
parque que se halla junto a la histórica ciudad lineal y el
nuevo centro que se ha ido desarrollando al otro lado de
la vía férrea. La altura de la nueva estructura está a mitad
de camino entre los alzados de las casas del pueblo a lo
largo de la calle principal y los edificios residenciales
de cinco plantas de las proximidades. La suave geometría
y la permeabilidad visual de la planta baja dan lugar a una
integración fácil por el espacio fluido del nuevo parque.
El edificio se divide en dos partes. En los pisos superiores,
una serie de franjas de oficinas rodean un patio interior
abierto, creando un volumen en forma de anillo que flota
sobre el Fórum de los Ciudadanos en la planta baja, donde
se ubican las funciones públicas más importantes.
Hacia el sur y el oeste, este amplio espacio queda
delimitado por un zócalo de medio piso de altura, mientras
que hacia el este y el norte está completamente acristalado
y abierto. El Fórum dispone de mostradores de atención al
público en el espacio principal, con oficinas individuales en
la parte posterior. La sala consistorial y funciones afines
se hallan situadas, asimismo, en la planta baja a modo
de grupo escultural de volúmenes parecidos a pabellones.
El anillo 'flotante' de las oficinas que se halla por encima
del espacio público abierto en la planta baja se proyectó
a fin de permitir la creación de unos espacios exentos
de columnas de hasta veinticinco metros, lo cual resultó
posible gracias a un diseño del muro del atrio y la pared
del corredor externo que actuan como vigas de siete
metros de altura.
Los suelos se extienden a lo largo de siete a doce metros
con un voladizo de aproximadamente cinco metros
de la fachada exterior que se compone de dos partes.
Los pabellones inferiores y la base del edificio se hallan
revestidos de ladrillos (recordando tanto en escala como
en materiales el aspecto de la calle mayor del pueblo)
y las plantas superiores se combinan para convertirse
en un edificio anular acristalado con doble piel.
Teniendo en cuenta la superficie total expresada en las
instrucciones del cliente, era necesario ahorrar en la disposición de las zonas de oficinas a fin de permitir un derroche
de generosidad en la planta baja. Se decidió, pues, que aquel
presupuesto tan limitado se dedicaría estratégicamente
a aquellas partes del edificio que se tocan (es decir, los
bancos y los mostradores de atención al público), así como
a los dos espacios más emblemáticos: el Fórum y la sala
consistorial. Además de otros elementos de diseño en estos
espacios, se animó al cliente a que encargara al artista
Folke Hanfeld la ejecución de las pinturas del techo lo cual
conferiría una atmósfera especial tanto al Fórum como
a la sala consistorial.

The entire historical centre of Gelnhausen with its medieval landmarks is a conservation area. Although the previous house at Kuhgasse 15 was probably built soon after the Thirty Years War, it was never a fine building. The architects consulted with the conservation department and structural engineers, but found nothing that would warrant its restoration. Finally the decision was made to demolish it and build something new.

In accordance with conservation regulations a house was designed that replicated the volume and geometry of the old building. However, everything else was done differently in order to create an independent form within the context of the historic town. Although the context was respected, the typology was cleaned up by giving order to the elevations and covering everything with a unifying material: roof and wall, outside and inside.

The house – almost like a model – hides the details of its construction: its has no rooftiles, no gutters, no window handles.

To give a sense of spaciousness a single big room was made that extends from the ground floor to the gable and from one external wall to the other. Openess was created – from outside to inside and vice versa –

by covering the walls and the roof with an extensive, rigorous grid of windows. To establish connections with the ground, the earth and the horizon, the interior was designed around a mighty rock, boulders and gravel. All service spaces are small and incorporated into the back wall. A box suspended between the gable walls contains the 'drawer' with the private spaces and the deck above offers views of the town.

During the planning phase, artists were invited to develop works for the house. A conscious choice was made to ask artists who have different concepts of the function of art in society. Some believe in the autonomy of art while others attempt with their work to intervene in everyday life and social processes. The discipline, content and chosen medium of the artworks was derived from the artists' own sensibilities making it a collection of individual positions.

The artworks created here have no overriding content. They have only the place and the house in common – the parallel circumstances of their conception. Perhaps this combination of landscape, lyrics, painting, sculpture, architecture, prose, traces of the old house, sound and light will create a work with its own context: an open conduit for different artistic, architectural and poetic positions.

living room Gelnhausen, Germany
Gabriela Seifert, Goetz Stoeckmann
seifert.stoeckmann@formalhaut Architekten

Credits Client: seifert.stoeckmann@formalhaut Architekten. Design team: Gabriela Seifert, Goetz Stoeckmann, Martin Boehler, Jan Peter Dahl, Serge Dahouk, Marco Hoffmann, Roland Schnizer. Structural engineering: Eugen Schuler, Heinz Pfefferkom / Gruppe Bau Dornbirn. Environmental engineering: Heiner Lupprian, with Heim, Bietzke, Hoefer / Ingenieur-Consult. Artists: Ludger Gerdes, Ottmar Hoerl, Georg Hueter, Thomas Kling, Wolfgang Luy, Scott Murff, Christine Neidlinger, Catherine Spellman, Charly Steiger, Achim Wollscheid. Earth works: Nees. Concrete works: Kaufmann. Timber frame: Helmut Feuerstein. Steel works/drawer: Josef Martin. Electrical services: Dotzauer. Heating/water/air supply: Wernig. Cabinet maker: Balzer; Leder. Rocks: Schmitz.

1984 Office of
seifert.stoeckmann@formalhaut
Architekten established
in Frankfurt

Gabriela Seifert
1954 Born in Altenhasslau,
Germany
1977 Diploma in Architecture,
Fachhochschule (FH), Frankfurt
1988–91 Senior lecturer,
University of East London
Since 1995 Professor, Leopold
Franzens Universitaet Innsbruck

Goetz Stoeckmann
1953 Born in Frankfurt
1977 Diploma in Architecture,
FH, Frankfurt
1983 Diploma in Architecture,
Architectural Association (AA),
London
1990–91 Diploma Unit Master,
Bartlett School of Architecture,
London
1996 Visiting Professor,
Rheinisch-Westfaelische
Technische Hochschule, Aachen
Since 1997 Diploma Unit Master,
AA, London

Awards and Distinctions /
Premios y distinciones
1991 Ars Viva
1994 Kunstpreis Berlin

Major Works / Principales obras
1992 Flammer House,
Biedenkopf, Germany
1996 Kapfbruecke, Feldkirch,
Austria
1999 Industrial Buildings for
Elkamet, Biedenkopf, Germany
2001 Office Building Refurbish-
ment and Renovation, Munich
2004 Elkamet Factory, Myslinka,
Czech Republic

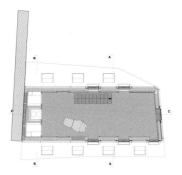

DECK LEVEL PLAN

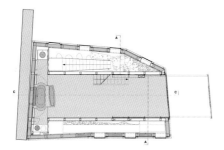

DRAWER LEVEL PLAN

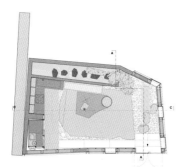

STONE LEVEL PLAN

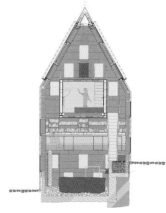

SECTION AA

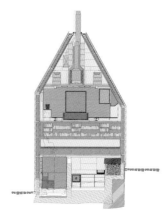

SECTION BB

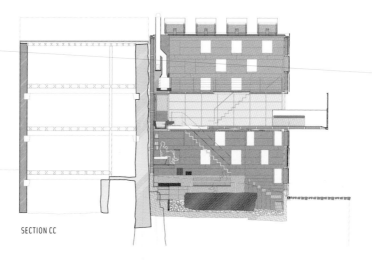

SECTION CC

living room Gelnhausen, Alemania
Gabriela Seifert, Goetz Stoeckmann / seifert.stoeckmann@formalhaut Architekten

Todo el centro histórico de Gelnhausen, con sus hitos medievales, constituye una zona protegida. Aunque la casa que existía anteriormente en el nº 15 de Kuhgasse se construyera muy probablemente poco después de la Guerra de los Treinta Años, nunca llegó a ser un edificio notable. Los arquitectos consultaron con el departamento de conservación y ingenieros de estructuras, pero no hallaron nada que respaldara su restauración. Finalmente, se tomó la decisión de derribarla y construir una nueva.

De acuerdo con la normativa de conservación existente, se diseñó una casa que reproducía el volumen y la geometría del antiguo edificio. Sin embargo, todo lo demás se hizo distinto a fin de crear una forma independiente dentro del contexto del casco histórico. Aunque se respetara el contexto, se renovó la tipología unificando los alzados y recubriéndolo todo con un material unificador: tejado y paredes, exterior e interior. La casa –casi al igual que una maqueta– oculta los detalles de su construcción: carece de tejas, canalones, y pomos en las ventanas. Con el fin de dar una sensación de espacio, se creó una única sala grande que se extiende desde la planta baja hasta el hastial y desde una pared exterior hasta la otra. Se creó una sensación de apertura –desde fuera hacia adentro y viceversa– cubriendo las paredes y el tejado con un reticulado amplio y riguroso de ventanas.

Para establecer conexiones con el suelo, la tierra y el horizonte, el interior se diseñó en torno a una enorme roca, cantos rodados y grava. Todos los espacios dedicados a servicios son pequeños y se hallan incorporados a la pared posterior. Una caja colgando desde el hastial contiene el 'cajón' con los espacios privados, y su cubierta ofrece vistas de la ciudad.

Durante la fase de planificación, se invitó a una serie de artistas a que crearan obras para la casa. Se tomó la decisión consciente de pedirlo a artistas que tienen distintos conceptos de la función del arte en la sociedad. Algunos creen en la autonomía del arte mientras otros intentan con su trabajo intervenir en la vida cotidiana y los procesos sociales. La disciplina, contenido y medio escogidos para las obras de arte se derivaron de la sensibilidad de cada artista, convirtiendo el conjunto en una colección de actitudes individuales. Las obras de arte aquí creadas no poseen ningún contenido trascendental. Lo único que tienen en común es el lugar y la casa –las circunstancias paralelas de su concepción. Quizás esta combinación de paisaje, poesía, pintura, escultura, arquitectura, prosa, huellas del edificio anterior, luz y sonido, llegará a crear una obra de arte con su propio contexto: una vía abierta para las distintas actitudes artísticas, arquitectónicas y poéticas.

Until very recently, the Ministry of Culture and its departments were scattered around Paris on many different sites. Today, we find them grouped in a single space, a place where the monumentality of the 1920s, the rationality of the 1960s and the excess of the 1980s all coexisted.

The architects chose to maintain the coexistence of the different strata, an intersection of regulatory, social and aesthetic values, with sensations and actions that reflected more a process of trial and error than intention and consensus.

Adding, transforming, shifting materials and functions, was perhaps a way of remaining faithful to a normal evolutionary process and to the Ministry of Culture's pluralistic role. The site needed to be woven together and to remain in movement. The process of veiling and unveiling that was imagined prompted a dynamic exploration of the space, located precisely at the juncture of that space's relation with the past and its relation with the future. Rue des Bons Enfants was narrow and dark.

However, aligned on the other side of the pavement were fine 17th century buildings made of timeworn stone. A breach was created by demolishing a minor building and the sun once again shone on a newly invented garden.

On the periphery, at right angles to the three streets of Saint Honoré, Montesquieu and Croix des Petits Champs, which together constitute the full porous carapace of the Bons Enfants block, all the operation's urban and perimetric walls are enveloped in laser-cut stainless steel lattice.

It is light and ubiquitous, never cumbersome. And the way we perceive it is transferred to visible and often contrasting values – bright and dull, finesse and depth, sharp and blurred, figurative and abstract. It is body-guard and confidential structure. It is cuirass, armour or chainmail, seeking to protect the Ministry from any untimely intrusion and contributing, by its proximity, to create indefinable spaces which, from the inside, give the feeling that here one is different from anywhere else.

Taking the view that it was essential and urgent to re-establish coherence by skilfully and sensitively reintegrating the site into Paris, the idea pursued was that beyond all these recent archaeological layers, only by local demolitions, by rethickening the buildings, by smoothing the façades and by a general rewriting, could the whole be made accessible to a homogeneous reading, a single Ministry.

Ministry of Culture and Communication
Ilôt des Bons Enfants   Paris, France
Francis Soler / Office of Architectures Francis Soler
Frédéric Druot

Credits   Client: Ministry of Culture & Communication and EMOC. Collaborators: Vincent Dugravier, Vincent Jacob, Jérôme Lauth. Building engineering: Christian Ferrial / Setec Bâtiments. Structural engineering: Nicholas VP Green / GREEN. Botanic: Patrick Blanc. Cost control: Fernand Tomasina. Acoustical: J-Paul Lamoureux. Fire consulting: Jean-Marc Casso / Casso & cie. Interiors: Frédéric Druot / Frédéric Druot Architectures. Landscape architect: Michel Desvinge. Structural engineering: Sechaud & Bossuyt.

Francis Soler

1985 Office of Architectures
Francis Soler established in Paris

1949 Born in Alger
1976 Diploma in Architecture,
Ecole d'architecture
de Paris-Villemin
1988-90 Visiting Professor,
Ecole d'architecture de Paris
(UP 7), Tolbiac
1999-2001 Visiting Professor,
Ecole d'architecture
de Bretagne, Rennes
2002 Visiting Professor,
Universidad Europea de Madrid
2003-04 Visiting Professor,
Ecole spéciale d'architecture,
Paris
2005 Visiting Professor,
Technische Universität
Architektur, Berlin

Major Competitions /
Principales concursos
1990 Finalist: International
Conference Centre, Paris
2000 1st Prize: Musée du Quai
Branly, Paris
2003 Finalist: French Embassy,
Tokyo
2005 Finalist: Olympic
Village Housing, Paris 2012
2005 Department of Islamic Art,
Cour Visconti, Louvre Museum

Awards and Distinctions /
Premios y distinciones
1990 Grand prix National
d'architecture
2000 Chevalier dans l'Ordre
du mérite
2005 Commandeur dans
l'Ordre des Arts et Lettres

Majors Works / Principales obras
1985 Les Terrasses School
Complex and Leisure Centre,
Cergy-Pontoise
1988 Presidential Grandstand,
Paris
1989 Rue de Meaux Offices, Paris
1997 Rue Emile Durkeim
Apartments, Paris
2001 Housing in Clichy, France

Frédéric Druot

1987 Office of 'Epinard Bleu'
Agence d'architecture established in Bordeaux
1991 Office of Frédéric Druot
Architecture established in Paris

1958 Born in Bordeaux
1984 Diploma in Architecture,
Ecole d'architecture de Bordeaux

Major Competitions /
Principales concursos
1993 1st Prize: Aménagement
estival Grande Hall de la Villette,
Paris
1994 International Competition:
Yokohama International Ferry
Terminal, Japan
1995 International Competition:
Museum of Moder Art Lees Baltic
Floor, Leeds, UK
1996 4th Prize: French Pavilion,
Hannover
2001 2nd Prize: French Embassy,
Praia, Cape Verde

Awards and Distinctions /
Premios y distinciones
1990 Album de la jeune
architecture
1997 Prix de la premiere oeuvre,
Nomination: Centre Geoges
Pompidou Office Building
2002 Chevalier, l'Ordre des arts
et des letteres

Majors Works / Principales obras
1997 Centre Georges Pompidou
Office Building, Paris
1998 Centre Georges Pompidou,
Bibliothèque Brantôme, Paris
2003 Studies for requalification
of large-scale housing complexes
of the 60's and 70's, France,
co-autor with Anne Lacaton &
Jean Philippe Vassal architectes

SITE PLAN

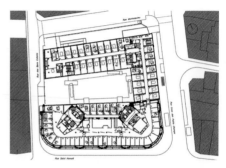

TYPE FLOOR PLAN

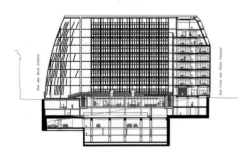

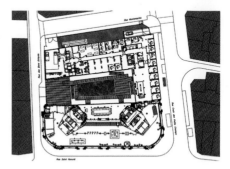

GROUND FLOOR PLAN

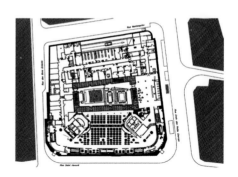

SECTIONS

BASEMENT PLAN

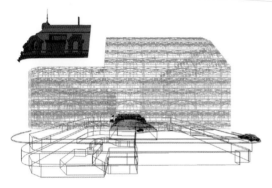

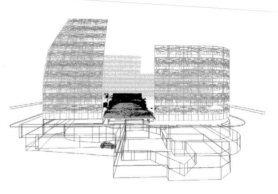

PERSPECTIVES

Ministerio de Cultura y Comunicación - Ilôt des Bons Enfants Paris, Francia
Francis Soler / Office of Architectures Francis Soler
Frédéric Druot

Hasta hace muy poco el Ministerio de Cultura y sus depar-
tamentos tenían sus sedes diseminadas por todo Paris.
Actualmente se hallan agrupados en un mismo conjunto
en el que coexisten la monumentalidad de los años veinte,
la racionalidad de la década de los sesenta y la desmesura
de los ochenta.
Se optó por mantener la coexistencia de los distintos
estratos existentes, mezcla de cuestiones reglamentarias
sociales y estéticas con unas sensaciones que corres-
pondían más a los tanteos que a la intención consensuada.
Añadir, transformar, trasladar los materiales y sus usos,
suponía, en cierto modo, mantenerse fiel a una evolución
patrimonial normal y a la vocación pluralista del Ministerio de Cultura. El lugar debía tramarse y mantenerse en
movimiento. El proceso de encubrimiento y descubrimiento
que se planteaba debía conducir a una exploración dinámica
del espacio, situándolo precisamente en la encrucijada
de la relación que el mismo mantuvo con la historia y la
que mantendría con su futuro.
La calle de Les Bons Enfants era estrecha y oscura.
Hacía gala, eso sí, al otro lado de la calzada, de hermosos
edificios del siglo XVII de piedras ennegrecidas por
el tiempo. Se pensó en crear una brecha, derribando un
edificio carente de interés, de manera que el sol entra
de lleno en un jardín de nueva construcción.

En los alrededores, a lo largo de las calles Saint Honoré,
Montesquieu y Croix des Petits Champs que constituyen
en sí mismas el caparazón poroso y completo de l'Ilôt
des Bons Enfants, una malla, toda ella de acero inoxidable,
recortada mediante láser, envuelve todas las fachadas
de la operación sin excepción. Es ligera y lo invade todo
sin molestar jamás. Y la lectura que del conjunto puede
hacerse se va trasladando por una serie de valores visibles,
a menudo opuestos: lo brillante y lo mate, la finura
y la profundidad, los límites perfilados y los borrosos,
la figuración y la abstracción. Algo que es celosía y obra
a la vez. Coraza, armadura y cota de malla que se unen
como para proteger al Ministerio contra las intrusiones
intempestivas, en definitiva contribuye, por su proximidad,
a crear unos espacios indescriptibles que hacen que,
cuando uno está dentro, se siente allí como en ninguna
otra parte se ha sentido.
Teniendo en cuenta, pues, que era indispensable y urgente
restablecer una coherencia que fuera resultado de una
inserción hábil y elegante en Paris, se siguió la idea de
que, por encima de las capas arqueológicas recientes,
sólo con algún derribo local, reforzamiento de los edificios,
intervención de alisamiento de las fachadas y re-escritura
global llevaría a los edificios hacia una lectura homogénea,
la de un único Ministerio.

Funded by the Scottish Arts Council, this project was a collaboration between 'Architect, Artist and Engineer' to make a structure located next to the pier that would act as a shelter whilst waiting for the ferry. The design was based on reflecting some of the qualities of the island – the big sky and horizon, the white beaches, the monochromatic black-houses dotted over the land – all distilled as a line in the landscape.

As an experiential sequence it was conceived in three parts. The white-walled corridor creates a linear cut in the landscape formed by two retaining walls that provide shelter from the wind while allowing travelers to focus on the sky and consider its beauty. In strong sunlight the walls become a surface for shadows and the reflection of light and colour, continually changing according to the weather and time of day.

The black bridge is a direct contrast that moves the visitors from light space to dark space, white to black, outside to inside, exposed to protected. A black felted timber structure with an open-slatted floor reveals the exposed rock below in reference to the traditional building crafts of roof structures, house interiors or boat building of the island.

The glass belvedere at the end allows for a visual experience of the landscape. From a distance a view of the landscape and Gott Bay is framed beyond the black timber box enclosure, providing an intro-duction to Tiree for arriving visitors or a memory for those departing.

The slightly elevated floor provides a three-dimen-sional landscape experience with a view of the ferry terminal and the old dry-stone dyke snaking down to the shoreline. By crossing the stone dyke, travellers become removed from the pier-head activity and are transferred back to the island. This glass enclosure also provides a shell-like protection from the elements. Its glass roof collects rainwater, that along with the sunshine and wind lends a dappled, dynamic light to the interior.

The landscaped area is created by removing areas of infill to reveal once again some of the underlying substrata. At the upper portion of the site, this infill is used to contour the white-walled corridor and the removal of this material extends the landscape of the shore into the site.

This experiential journey through the piece inten-sifies, focuses and abstracts aspects unique to Tiree, providing travellers with a highly intimate and personal encounter with the island.

An Turas Ferry Shelter Isle of Tiree, United Kingdom
Charlie Sutherland, Charlie Hussey
Sutherland Hussey Architects

Credits Client: Tiree Art Enterprises. Collaborator: Colin Harris. Structural engineering: David Narro Associates - Ian Hargreaves. Artists: Donald Urquhart, Glen Onwin, Jake Harvey, Sandra Kennedy. Bridge contractors: Inscape Joinery. Metal box fabricator: Eaun Harvey, Edinburgh College of Art.

1996 Office of Sutherland
Hussey Architects
established in Edinburgh

Charlie Sutherland
1963 Born in Edinburgh
1987 Diploma in architecture,
Mackintosh School
of Architecture, Glasgow
1996 Visiting Critic: Bartlett
School of Architecture, London
Since 1997 Part-time Tutor,
Mackintosh School of Art,
Glasgow
1999 Visiting Speaker,
University of Strathclyde,
Glasgow
Since 1999 Visiting Speaker and
Critic, University of Edinburgh
2003-05 External Examiner,
Edinburgh College of Art

Charlie Hussey
1962 Born in London
1983 Diploma in Architecture
(Honours), Liverpool University
1987 Diploma in Architecture,
Mackintosh School of
Architecture
Since 1994 Part-time Tutor,
Mackintosh School of
Architecture
Visiting Critic: Bartlett School of
Architecture (1997), University
of Cambridge (1998), Edinburgh
College of Art (since 1998),
University of Strathclyde
(since 1999)
Since 1999 Visiting Speaker and
Critic, University of Edinburgh

Major Competitions /
Principales concursos
2002 1st Prize: Wood Green
Housing Competition, London
2003 2nd Prize: Granton Master
Plan, Edinburgh (with W.van Eyck
and R.Murphy)

Awards and Distinctions /
Premios y distinciones
2000 Royal Scottish Academy
Gold Medal: Barnhouse
2002 AJ First Building Award:
Barnhouse
2002 RIBA Regional Awards:
Barnhouse and Lynher Dairy
Cheese Factory
2003 Royal Scottish Academy
Gold Medal and RIAS Best
Building Award: An Turas

2003 Stirling Prize, Shortlisted
and RIBA Regional Award:
An Turas

Major Works / Principales obras
2001 Lynher Dairy Cheese
Factory, Cornwall, UK
2002 Barnhouse (private
residence), London
2002 Grizedale Education
Centre, Cumbria, UK
2003 Robert Burns Museum,
Alloway, UK
2004 Girvin Master Plan,
Edinburgh

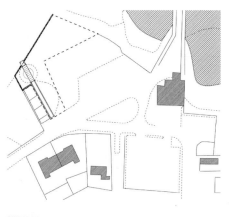

SITE PLAN

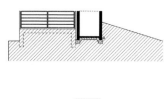

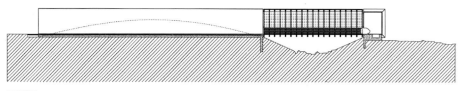

SECTIONS

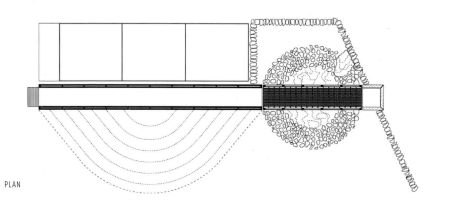

PLAN

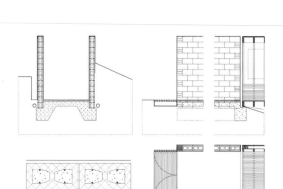

WALL DETAILS

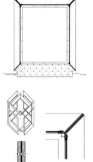

GLASS BOX DETAILS

Embarcadero cubierto An Turas Isle of Tiree, Reino Unido
Charlie Sutherland, Charlie Hussey / Sutherland Hussey Architects

Financiado por el Scottish Arts Council, este proyecto fue una colaboración entre 'arquitecto, artista e ingeniero' para crear una estructura ubicada junto al muelle y que actuara a modo de refugio para las personas que esperaran la llegada del transbordador. El diseño consistía en reflejar algunas de las cualidades de la isla: la inmensidad del cielo y el horizonte, la blancura de las playas, la monocromía de las casas negras punteando el territorio, todo destilado como una línea en el paisaje.

Como secuencia de experiencias, se concibió en tres partes. El corredor de paredes blancas crea un corte lineal en el paisaje formado por dos muros de contención que proporcionan protección frente al viento permitiendo, al mismo tiempo, que la mirada del viajero se concentre en el cielo y contemple la belleza del mismo. Cuando la luz del sol es intensa, las paredes se convierten en superficie de sombras y reflejos de luz y color que cambian continuamente de acuerdo con el clima y la hora del día.

El puente negro es un contraste directo que traslada a los visitantes desde el espacio luminoso a un espacio oscuro, de blanco a negro, del exterior al interior, de las inclemencias del tiempo a la protección. Una estructura de madera revestida de fieltro negro y con suelo de listones separados que deja ver la roca que está debajo, como alusión a las formas tradicionales artesanas de construcción de las estructuras de los tejados, los interiores de las casas o la construcción de barcos de la isla.

El mirador acristalado que se halla en el extremo permite disfrutar visualmente del paisaje. Desde lejos, una vista del paisaje y Gott Bay se enmarcan más allá del recinto cuadrado de madera negra, proporcionando una introducción a la isla de Tiree para los visitantes que llegan, o un recuerdo para los que se van.

El suelo ligeramente elevado ofrece una experiencia de paisaje tridimensional con una vista de la terminal del ferry y la antigua pared de piedra seca que serpentea hasta la línea de la costa. Cruzando esta pared, los viajeros quedan lejos de la actividad del muelle y vuelven a la isla.

Este recinto acristalado proporciona, asimismo, una protección contra los elementos semejante a un caparazón. Su cubierta acristalada sirve para recoger el agua de lluvia que, junto con la luz del sol y el viento, presta al interior una luz moteada, dinámica.

Esta zona apaisada se crea eliminando las zonas de ripio para revelar de nuevo parte del sustrato subyacente. En la parte superior del terreno, este ripio se utiliza para rodear el corredor de paredes blancas y la extracción de este material permite prolongar el paisaje de la orilla al interior del emplazamiento.

Este viaje de experiencias a través de la construcción intensifica, concentra y abstrae algunos aspectos singulares de Tiree, proporcionando al viajero un encuentro sumamente íntimo y personal con la isla.

Bases

El espacio europeo está constituido por una emulsión de elementos naturales y culturales, vernáculos y canónicos, tradicionales y artificiales. La arquitectura contemporánea debe asumir esta ambigüedad, proyectarla hacia el futuro, y compensar el natural desgaste al que están sometidas las formas mediante un proceso simétrico de innovación; un proceso que ha estado presidido por obras que introducían en la tradición arquitectónica una nueva inflexión o valor añadido que no puede calificarse sino de 'artístico'.

Este Premio se propone como objetivo detectar y destacar esas obras –de las que el Pabellón de Barcelona de Mies van der Rohe es todo un símbolo– cuyo carácter innovador opera como orientación o incluso como manifiesto. De ahí que su jurado deba representar a las instituciones implicadas, pero también mostrar una sensibilidad y una intención cultural que doten al Premio de un valor a la vez simbólico y pedagógico. Con ello, el premio se centra en la importante contribución de los profesionales europeos al desarrollo de nuevas ideas y tecnologías arquitectónicas, y proporcionará a los ciudadanos y a las instituciones públicas la oportunidad de lograr un mejor entendimiento del papel cultural de la arquitectura en la construcción de las ciudades y las sociedades. De este modo se expresa la preocupación de la Comisión Europea por la supervivencia de la ciudad europea que –emparedada a menudo entre lo impersonal y lo doméstico, entre lo oficial y lo suburbano– debe recuperar su propia tradición a partir de ciertas obras singulares y, al mismo tiempo, ejemplares.

Además, el Premio trata de reconocer el rico y variado panorama de la producción arquitectónica en Europa y animar a los profesionales a trabajar ampliamente por toda la Unión Europea, fomentando para ello los encargos transnacionales. Asimismo, aspira a apoyar a los arquitectos emergentes que están al principio de su carrera.

Con el fin de alcanzar estos objetivos se creó en 1987, con carácter bienal, el Premio Mies van der Rohe de Arquitectura Europea. El Premio de Arquitectura Contemporánea de la Unión Europea representa la transformación y continuación del Premio Mies van der Rohe, con similares objetivos y mayor alcance.

El Premio cuenta con la participación de las asociaciones de arquitectos que forman el Consejo Europeo de Arquitectos (ACE en sus siglas inglesas) y otras asociaciones nacionales de arquitectos de Europa, así como con las recomendaciones de un Comité Asesor constituido por representantes de algunas de las entidades culturales europeas más prestigiosas en el campo de la arquitectura.

Las candidaturas que competirán por el Premio y la Mención Especial serán propuestas por las asociaciones de arquitectos que componen el ACE y por otras asociaciones nacionales de arquitectos de Europa, así como por un importante grupo de expertos independientes especializados en la arquitectura contemporánea.

En cada edición bienal, el jurado seleccionará, entre dichas candidaturas, una única obra que recibirá el Premio de Arquitectura Contemporánea de la Unión Europea, y otra obra que sea la primera construcción de un arquitecto o un grupo de arquitectos emergentes que recibirá la Mención Especial Arquitecto Emergente. Las obras galardonadas con el Premio y con la Mención Especial reflejarán las definiciones y objetivos establecidos en los párrafos precedentes y se distinguirán por una combinación de cualidades tales como la excelencia y la autenticidad en el diseño, un carácter genuino e innovador y una construcción de gran calidad y buena ejecución. El jurado también hará una selección de obras ejemplares que serán publicadas y expuestas.

1. El Premio y la Mención Especial serán otorgados al autor o autores europeos de una obra arquitectónica construida en Europa*.

2. El certamen está abierto a todas las obras terminadas en Europa dentro del período correspondiente a los dos años anteriores a la ceremonia de entrega de los premios. La primera ceremonia de entrega se celebró en el año 2001.

3. El Premio y la Mención Especial serán otorgados cada dos años por el Miembro de la Comisión Europea responsable de Educación y Cultura de acuerdo con las decisiones de un jurado compuesto por conocidos expertos en el ámbito de la arquitectura y de la crítica arquitectónica.

Previa consulta al Comité Asesor, la Fundación Mies van der Rohe nombrará un jurado de nueve (9) miembros. El jurado celebrará dos reuniones, la segunda de ellas de carácter decisorio. El veredicto del jurado se anunciará públicamente por el Miembro de la Comisión Europea responsable de Educación y Cultura.

4. El Director de la Fundación Mies van der Rohe desempeñará las funciones de secretario del jurado, sin derecho a voto.

5. Para la selección de candidaturas, se procederá del modo siguiente:

5.1. Se invitará a las asociaciones de arquitectos que componen el ACE, y otras asociaciones nacionales de arquitectos de Europa a proponer obras de sus miembros construidas en sus propios países o bien fruto de encargos transnacionales, en las que concurran alguno de los siguientes supuestos:
5.1.1. Que sean obras de arquitectos europeos de otros países construidas en el país de la asociación.
5.1.2. Que sean obras de sus propios afiliados, construidas en otros países europeos.
Las asociaciones de arquitectos que componen el ACE, y otras asociaciones nacionales de arquitectos de Europa pueden enviar un máximo de cinco (5) propuestas, a excepción

de Alemania, España, Francia, Italia y el Reino Unido, que pueden enviar un máximo de siete (7) propuestas cada una.

5.2 La Fundación Mies van der Rohe, previa consulta al Comité Asesor, seleccionará un grupo de expertos independientes que estará compuesto por un amplio número de especialistas europeos de reconocido prestigio, cada uno de los cuales podrá proponer un máximo de cinco (5) obras.

En sus propuestas, las asociaciones de arquitectos y los expertos independientes han de tener en cuenta las obras de naturaleza transnacional y las realizadas por arquitectos emergentes.

Ni las asociaciones de arquitectos ni los expertos independientes pueden proponer como candidatas sus propias obras, ni las realizadas por los miembros del jurado.

Todas las propuestas deberán ir acompañadas por comentarios sobre el autor y, si es posible, por documentación.

La lista definitiva de candidaturas sometida a la consideración del jurado será el resultado conjunto de las propuestas de las asociaciones de arquitectos que componen el ACE, de las otras asociaciones nacionales de arquitectos de Europa y del grupo de expertos independientes.

6. Los autores de las obras propuestas deberán presentar una completa documentación, compuesta por los siguientes elementos:

6.1. Copias fotográficas de un juego completo de los planos de la obra, o bien fotocopias de calidad acompañadas por un disquete o CD ROM, y fotocopias de calidad de los croquis iniciales; todo ello en formato DIN A4 ó 18 x 24 cm.

6.2. Diapositivas de un juego completo de los planos y croquis iniciales en formato 24 x 36 mm.

6.3. Diapositivas en color (en formato 24 x 36 mm) y transparencias en color (de calidad publicable, en formato 6 x 6 cm o mayor) de la obra terminada. Estos dos juegos deben incluir vistas del interior, del exterior y de detalles, pero no es necesario que ambos sean idénticos.

6.4. Fotografías en blanco y negro o en color de la obra terminada en formato DIN A4 ó 18 x 24 cm. Este juego de fotografías debe incluir vistas del interior, del exterior, de detalles y de la maqueta, pero no es necesario que sea idéntico al de las diapositivas o transparencias mencionadas antes.

6.5. Un texto explicativo.

6.6. El currículum actualizado del arquitecto o de los arquitectos, en su caso.

6.7. Cuatro imágenes a baja resolución libre de derechos para la base de datos.

6.8. Una imagen a alta resolución para prensa.

Todos estos documentos pasarán a ser propiedad de la Fundación Mies van der Rohe y serán incorporados a sus archivos permanentes. Los documentos relativos a la obra ganadora y a la Mención Especial, así como todas las obras destacadas por el jurado, se incluirán en la publicación, exposición y base de datos del Premio.

7. En la primera reunión, tras el pertinente análisis de la información enviada para cada obra propuesta, y tras el consiguiente debate, el jurado elaborará una lista de obras finalistas, una de las cuales recibirá el Premio. El jurado también elaborará otra lista de obras preseleccionadas para optar a la concesión de la Mención Especial. En su segunda reunión, el jurado tomará sus decisiones con respecto a las obras que hayan de recibir el Premio y la Mención Especial. Tanto la obra galardonada con el Premio como la que reciba la Mención Especial serán elegidas por mayoría absoluta de votos de los miembros del jurado.

8. El Premio no puede ser declarado desierto. En cada convocatoria se concederá un Premio único e indivisible y una única e indivisible Mención Especial. La aceptación del Premio y la Mención Especial implica la previa conformidad con estas bases.

9. El Premio y la Mención Especial serán entregados por el Miembro de la Comisión Europea responsable de Educación y Cultura en una solemne ceremonia protocolaria celebrada en el mismo Pabellón Mies van der Rohe de Barcelona. El Premio consistirá en la cantidad de 50.000 € y una escultura que evoca el Pabellón Mies van der Rohe. La Mención Especial consistirá en 10.000 € y una escultura que evoca el Pabellón Mies van der Rohe.

10. Con el fin de asegurar el cumplimiento de los objetivos generales del Premio y ante una situación no prevista en las cláusulas que anteceden, el jurado —previa consulta a las instituciones titulares y con el consentimiento de éstas— podrá modificar estas bases si lo considerase necesario.

* Estados miembros de Unión Europea: Alemania, Austria, Bélgica, Chipre, Dinamarca, Eslovaquia, Eslovenia, España, Estonia, Finlandia, Francia, Grecia, Hungría, Irlanda, Italia, Letonia, Lituania, Luxemburgo, Malta, Países Bajos, Polonia, Portugal, Reino Unido, República Checa y Suecia.
A ellos se añaden: Bulgaria, Islandia, Liechtenstein, Noruega, Rumania y Turquía.

++++++++++++++++++++++++++++++++++

Acta del jurado

El jurado del Premio de Arquitectura Contemporánea de la Unión Europea – Premio Mies van der Rohe se reunió en dos ocasiones, una en el mes de enero y la otra en el mes de marzo. Durante la primera reunión celebrada en Barcelona, los miembros realizaron su selección inicial, basando su decisión en la documentación gráfica y dossiers de las 242 propuestas presentadas a esta edición de 2005. Tras un amplio debate, fueron elegidas 31 obras para la fase inicial (al concluir las dos fases serían un total de 33).

Posteriormente se estableció la lista de obras para ser visitadas:
– La Explanada del Fórum 2004 y planta fotovoltaica, de José Antonio Martínez Lapeña y Elías Torres.
– La Embajada de los Países Bajos en Berlín, de Office for Metropolitan Architecture / Rem Koolhaas y Ellen van Loon.
– El Estadio Municipal de Braga en Portugal, de Eduardo Souto de Moura.
– Los grandes almacenes Selfridges & Co. de Birmingham, de Future Systems / Jan Kaplicky y Amanda Levete
– 30 St Mary Axe (oficinas centrales Swiss Re) en Londres, de Foster and Partners / Norman Foster.

Durante las deliberaciones finales celebradas en marzo, el jurado valoró las diversas estrategias planteadas en los distintos proyectos visitados y la discusión se centró en la calidad de las edificaciones:
– El papel arquitectónicamente atractivo de los almacenes Selfridges como parte del centro urbano rehabilitado de Birmingham.
– El nivel excepcionalmente elevado de sofisticación y detalle de la torre de Swiss Re, que destaca como si de un faro se tratara en el barrio de la City de Londres.
– La presencia potente de la planta fotovoltaica del Forum, señalizadora, emblema de la renovación de la fachada marítima de Barcelona, en el extremo inferior de la Avenida Diagonal.
– El impacto del estadio de Braga en armonía con su entorno.
– El concepto sin precedentes de una 'trayectoria' aplicada al programa sumamente restrictivo de la Embajada de los Países Bajos en Berlín.

Pronto se puso de manifiesto que los miembros del jurado eran unánimes en su interés por dos obras concretas: la embajada diseñada por OMA y el estadio de Souto de Moura, los dos proyectos que rechazan el concepto de arquitectura-objeto a favor de la armonización con el entorno circundante, algo que ambos consiguen extraordinariamente bien: la ciudad reunificada de Berlín en el primer caso y el paisaje ondulado de Braga en el segundo.
El jurado consideró que este último proyecto presentaba una alternativa escultural a la habitual espectacularidad de este tipo de edificios y que ofrecía unos espacios espectaculares cobijados bajo sus formas tan sencillas. De memorables calificó el jurado aquellas zonas donde se reunían las rocas y la estructura, haciendo hincapié en la excelencia de la obra de Souto de Moura en Braga.
Tras este análisis el jurado declaró ganadora del Premio Mies van der Rohe a la Embajada en Berlín por la calidad de la reflexión urbana y la inteligencia del concepto ejecutado. El jurado consideró que la Embajada representaba una re-conceptualización potente de la idea de embajada, un organismo gubernamental y elemento fundamental dentro de una ciudad. La negativa por parte de OMA de o bien adaptarse al reticulado de la ciudad o crear un monumento, optando, en su lugar, por crear un fragmento cuidadosamente formado

que cuestiona cual debe ser la identidad representativa de un gobierno o un país, fue algo muy elogiado. Por otra parte, se consideró también que la 'trayectoria' helicoidal revestida de metal que recorre serpenteando la totalidad de la Embajada ofreciendo al propio tiempo unas vistas cuidadosamente enmarcadas de la ciudad vecina, engendraba una serie tan sugestiva de espacios, realizados con unos materiales y efectos visuales tan sofisticados y reveladores de su contexto, que se hacía merecedora del Premio Mies van der Rohe 2005.

En cuanto a la Mención Especial dedicada al Arquitecto Emergente, el jurado seleccionó el BasketBar del campus de la Universidad de Utrecht, en los Países Bajos, obra de NL Architects, que formaba parte de un plan urbanístico que OMA había diseñado para la zona. El jurado considera que NL Architects ha demostrado claramente su capacidad de crear estructuras innovadoras y visualmente llamativas y que este pequeño edificio demuestra hasta qué punto han sido capaces de disciplinar sus capacidades de tal manera que encierran la promesa de realizar aportaciones importantes al futuro de la arquitectura europea.

+++++++++++++++++++++++++++++++++++++++

La Embajada de los Países Bajos en Berlín, por OMA / Rem Koolhaas, Ellen van Loon
Mohsen Mostafavi

«El proyecto divide la estructura única que implican las normas de la ciudad en dos partes: un muro y un cubo.
La división continúa en el interior del edificio, donde crea una trayectoria errática en ascenso, rodeada de espacios estándar destinados a oficinas. La trayectoria captura elementos destacados de la arquitectura berlinesa del siglo XIX, del nazismo y del comunismo.»

Fragmento de *Content*, de Rem Koolhaas

Koolhaas es un especialista en hacer que lo inesperado parezca obvio, y la embajada de los Países Bajos no es ninguna excepción a esta regla. Al construir en un lugar donde el concepto de desarrollo urbanístico está dominado por la noción de bloque urbano como masa opaca, seguramente se vio obligado a invertir dicho modelo: seguir a ciegas las normas no figuraba entre las opciones posibles. Sin embargo, y esto es lo más importante, la clave del éxito del proyecto reside en lo que él y su equipo de OMA logran arquitectónicamente, espacialmente, urbanísticamente y programáticamente. La solución se aparta de las normas, pero funciona tan bien que parece encajar en el emplazamiento como un guante.

Precedente I
Buena parte de los proyectos de Le Corbusier, incluidas viviendas de su primera época como la Maison La Roche de París o la Ville Savoye de Poissy, o incluso programas posteriores como el Carpenter Center de Cambridge, Massachusetts, muestran interesantes paralelismos con la arquitectura de Koolhaas. Son proyectos que constituyen

no tanto modelos visuales como catalizadores de inspiración, palimpsestos performativos. En Maison La Roche, el movimiento vertical de espacio a espacio es el mecanismo que permite revelar la casa, la cual, diminuta y abierta, emerge a simple vista. También es este hecho de revelarla lo que construye la arquitectura. De forma parecida aunque diferente, en Poissy puede ascenderse a través de la casa hasta alcanzar finalmente el tejado y redescubrir un paisaje abierto en el que la vista del horizonte lejano está literalmente enmarcada como si se tratara de una foto, un artificio. Por su parte, en el Carpenter Center de la Universidad de Harvard, una rampa conduce desde el viejo campus hacia lo que en principio debía convertirse en la futura zona de desarrollo, en una acción que constituye a la vez un gesto público de paso y de visión. Puede discutirse si tales gestos son siempre igual de intere- santes para la persona que ve desde el exterior como para aquella que, situada en el interior, es vista. Y es que nos encon- tramos aquí con algunos aspectos ya recogidos por Jeremy Bentham en su infame *Panopticon*, aunque en una escala más modesta y sin las connotaciones disciplinarias de aquélla.

En su innovador Kunsthal de Rotterdam, Koolhaas utilizó una gama de operaciones similar, como por ejemplo el corte a través del edificio o, más tarde, y de forma más sistemática, la idea de fusionar la rampa y el suelo a la manera de las superficies oblicuas de Parent y Virilio. Pero a diferencia de una generación de arquitectos contemporáneos cuyas referencias a la tradición modernista han tendido a lo literal, el uso que hace Koolhaas de los precedentes ha sido elíptico y, en conse- cuencia, más innovador. Pueden entenderse las conexiones con un precedente más cercano, pero no se ve una correspon- dencia mutua, y ello viniendo de un arquitecto que ha cantado las excelencias de la copia.

La Embajada
Uno de los elementos clave de diseño de la nueva Embajada es la 'trayectoria', el despliegue a lo largo del edificio del recorrido de circulación vertical. Así, la trayectoria empieza en la entrada de la Embajada, sita en Klosterstrasse, para después abrirse paso a través del punto más importante del edificio y crear un camino externo en ascenso antes de entrar en la estructura cúbica de la Embajada, donde recorre muchas de las funciones cotidianas del edificio, además de otras inesperadas, como un centro de *fitness*. Unas veces expone los espacios adyacentes, tras muros de cristal; otras, recorre el extremo del edificio y muestra así el *skyline* de la ciudad. En algunas partes, el suelo está hecho de cristal verde, lo cual permite adquirir conciencia de la vista que hay bajo los pies. El efecto es un tanto desconcertante y propio de un *voyeur*, pero —y eso es lo más importante— te hace consciente de tu posición en una exploración tridimensional de sección del edificio y desnaturaliza completamente la conexión entre el cuerpo y el propio edificio.
El efecto de esta experiencia queda registrado de manera similar en el exterior del edificio, donde produce también una fachada seccional. El punto final de la trayectoria es una

cafetería y una sala de reuniones en la parte superior del edificio. Aquí, el techo se abre deslizándose mecánicamente y deja ver el cielo. A través de su viaje, la trayectoria expone las operaciones de la Embajada, un tipo de edificio rodeado normalmente de secretos. La idea de que no todo tiene por qué ocurrir tras una puerta cerrada descorre al menos uno de los velos que envuelven la burocracia. Al mismo tiempo, puede decirse que la calidad de los espacios —la forma y ubicación de los despachos, la presencia de la cafetería, las vistas— tiene un efecto directo sobre la forma de trabajar de las personas en el interior del edificio. Estas condiciones materiales definen una atmósfera particular que, a su vez, representa la gran tradición holandesa del humanismo. Los holandeses, con su herencia mercantil y pragmática, son lo suficientemente listos como para saber que es un buen mensaje para transmitir al mundo exterior. De hecho, cuesta imaginar a cualquier otra nación preparándose para resistir la paranoia —a menudo justifi- cable— de la seguridad mediante la construcción de un edificio tan metafórica y físicamente transparente como éste. También es desde esta perspectiva holandesa contemporánea desde donde la trayectoria mira la ciudad de Berlín y sus recuerdos.

«La belleza de Berlín, su opacidad, complejidad, pesadez, la suntuosidad de sus fantasmas. La abundancia de buenas intenciones que de alguna forma se torcieron. La presión de la vergüenza que imponen cada vez más monumentos. La obligación de recordar, junto con la sorprendente amnesia (¿adónde fue a parar el muro?). Qué lejos ha quedado de todo. Da gusto ver cómo ha mantenido su carácter alemán. Su gris. Su terquedad. Su falta de dudas. La meticulosa mediocridad de su nueva sustancia. Parece tan viejo todo lo que fue moderno. Tan nuevo lo que es antiguo. Tan bueno lo que fue comunista. Tan chino lo que es nuevo.»

Fragmento de *Content*, de Rem Koolhaas

Para Koolhaas, el edificio que alberga la Embajada de los Países Bajos constituye también una crítica radical al tipo de historia falsa que ha conformado la armadura intelectual de un núcleo importante de arquitectos de Berlín. El proyecto conceptual de tejido urbano con una continuidad física se ha visto claramente afectado por el hecho de que el edificio se alza sobre una base de cristal y no llena todo el emplazamiento. Sin embargo, es la propia discordancia entre los diversos elementos del edificio lo que produce su dinámica presencia urbana. Además de un pequeño parque a lo largo del río Spree, entre estos elementos hay que contar también el edificio mural de las residencias donde habitan los empleados de la embajada. La estructura es en parte una barrera contra los edificios adyacentes, en parte una pantalla de metal perforado. Al piso del consejero de la Embajada se accede a través de un largo pasillo. El salón tiene una doble orientación, pero en el lado que da al Spree la vista se ve interrumpida parcialmente por la *sky-box* en voladizo que sobresale de la misma planta de la Embajada donde se ubican los despachos del embajador y su consejero. El *sky-box* es el lugar para reuniones especiales, una sala suspendida en el aire desde la cual también es posible ver. La amalgama que forma este muro habitado con el espacio abierto de un corte en que se convierte la trayectoria en el exterior, junto con el cubo del edificio de la Embajada y el parque, configuran la totalidad del proyecto.

La yuxtaposición y esmerada colocación de estos fragmentos dan lugar a una coherencia general que, sin embargo, está sujeta a un cambio constante en lo que se refiere a las relaciones de los espacios y las vistas resultantes. Dichas relaciones se intensifican a través de la elección y la proximidad de diferentes materiales –vidrio, metal perforado, espejos, acero, madera, piedra– y por las texturas y colores de las superficies. El efecto global es de luminosidad, de viveza, algo que da al edificio un carácter radicalmente antimonumental. Es una cualidad que roza lo ornamental en la riqueza y tonalidad de su paleta.

Precedente II
Desde la época de la International Building Exhibition (IBA), en los años ochenta, Berlín ha sido objeto de numerosos debates en los que se trataba su papel como ciudad europea y se discutían los medios a través de los cuales debía recuperarse de la destrucción que se le había infligido, no sólo en la Segunda Guerra Mundial sinó también la causada por la arquitectura moderna, y más concretamente los grandes proyectos residenciales de los años cincuenta y sesenta. Frente a este pasado, algunos arquitectos berlineses se han cuestionado, a menudo de forma justificada, la capacidad de la arquitectura moderna para afrontar la reconstrucción urbana (incluyen a Hans Kollhoff, quien, ironías del destino, comparte con Koolhaas la experiencia intelectual de haber estudiado con O. M. Ungers en Cornell). La política llevada a cabo por el gobierno municipal ha consistido en alcanzar la reconstrucción urbana mediante la conexión entre el nuevo desarrollo y el núcleo histórico de la ciudad, y en el proceso han generado toda la continuidad y homogeneidad posible.

En este contexto, la ciudad histórica, como fuente original de referencia, ha llegado a dominar el debate entre políticos y arquitectos. Y el resultado ha sido una arquitectura más singular. De nuevo, uno de los argumentos principales (y, de hecho, legítimos) de esta postura conservadora ha sido el apoyo y fomento de la noción de arquitectura anónima como el principal artefacto material de la ciudad. Sin embargo, los arquitectos como Kollhoff no son en realidad arquitectos anónimos, y mucho menos quieren producir una arquitectura anónima. Lo que acaban haciendo, quizás sin darse cuenta, es dar al anonimato una preponderancia que nunca tuvo en la ciudad histórica. La arquitectura anónima era, y aún lo es, el telón de fondo para los acontecimientos diarios de la ciudad, pero ahora se ha trasladado al primer plano de la visibilidad. Una nueva forma de monumentalidad se hace pasar por lo anónimo y lo cotidiano.

Esta postura tiene que ver con la crítica del Movimiento Moderno tras la Segunda Guerra Mundial y la búsqueda de una nueva monumentalidad que fuera más allá de las limita-

ciones de la arquitectura residencial privada del Movimiento Moderno. En Berlín, no obstante, la nueva monumentalidad que encierran los proyectos de reconstrucción de la ciudad resulta demasiado cargada porque enfatiza más las cualidades figurativas de la arquitectura pública que la creación de un marco para el compromiso oficial. Por ello es por lo que las cualidades transformativas, dinámicas y temporales del edificio de OMA sugieren una comprensión más productiva del precedente como herramienta para la imaginación, así como un optimismo sobre las posibilidades de una arquitectura urbana genuinamente moderna, proyectiva y de amplias miras. Es precisamente en reconocimiento de estos logros por lo que nosotros, los miembros del jurado, le hemos otorgado el Premio Mies van der Rohe.

++++++++++++++++++++++++++++++++++

Citizen K
Francis Rambert

La antimundialización está en marcha. Todos los indicios nos llevan a pensar, sin lugar a dudas, que aparte de los modelos, las soluciones predeterminadas, el sector inmobiliario sujeto al derecho común y otras construcciones adecuadas para usos diversos, una arquitectura digna de este nombre siempre es posible. El derrotismo no está en boga, sobre todo a juzgar por los magníficos proyectos que salen a la luz en distintos contextos, en apariencia muy estimulantes.
Así pues, no existe ninguna fatalidad. Las ciudades no tienen por qué parecerse.
A pesar de ello, la ciudad contemporánea sabe crear sus particularidades y sus excepciones. La ciudad es una riqueza mucho más segura que el petróleo, cuya rarefacción se ha anunciado. Material inagotable, la ciudad se revela como una energía renovable. Los proyectos de la última selección del premio Mies nos lo demuestran. La gran final nos ofrece un inesperado 'B to B'; es decir, una confrontación entre Braga, la pequeña ciudad portuguesa, y Berlín, la gran capital reunificada. Dos escenas distintas pero dos escenarios para un premio que este año podría subtitularse: *A tale of two cities*.
Al estilo de Charles Dickens, que en su tiempo acercaba dos formas de vida al siglo XVIII, en Londres y en París, los autores de las obras en competición –Eduardo Souto de Moura y su estadio de Braga, y OMA / Rem Koolhaas y Ellen van Loon y su Embajada de los Países Bajos en Berlín– nos sumergen en diversas situaciones propias de la ciudad contemporánea.
Hay mil maneras de ser innovador en un proyecto. Desde el punto de vista técnico, mediante la invención y la puesta en funcionamiento inédita, ya lo sabemos; y, desde el punto de vista sociológico, mediante la anticipación de las formas de vida, como ya hemos comprobado. Pero sobre todo desde el punto de vista cultural, puesto que es en este ámbito donde la arquitectura halla todo su sentido. Tanto Souto de Moura como Koolhaas nos dan buena muestra de ello.
Este final constituye un emblema del debate arquitectónico actual, en el que la inmanencia de la arquitectura atraviesa la inteligencia del concepto. Es el enfrentamiento entre la obra

escultural y expresiva y la obra surgida de la idea; más allá de la diferencia de escritura, en ambos casos, el dominio es excepcional. Diametralmente opuestos en apariencia, ambos proyectos comparten, no obstante, numerosos valores.

Los dos componen su paisaje, enmarcan la mirada: uno sobre el juego, el otro sobre la ciudad. En ambos casos se inscriben en una dinámica de acción, en contacto directo con la vida (deportiva o administrativa), siempre con la ciudad.

Es impresionante ver que ambos son a la vez cerrados y abiertos. El estadio, por ese cara a cara que evita obstaculizar la visión del paisaje; la embajada, que se sostiene sobre sus centinelas y capta la visión de todas partes. Ambos son portadores de un concepto: la embajada antibúnker y el estadio antisopera.

Este nuevo enfoque del programa va acompañado de una actitud ética de Souto de Moura, que claramente adopta la postura de negarse a ubicar el estadio en el lugar previsto para formular mejor una contrapropuesta que no sitúe la arquitectura en oposición sino en relación con la topografía y la hidrología. De este modo, el estadio se concibe como la acción fundadora del desarrollo de la ciudad que está por llegar. Asimismo, no es menos estratégica la actitud de Rem Koolhaas, que vuelve a trabajar la parcela, juega con las drásticas normas de urbanismo y crea este universo que, erigiéndose como un pequeño fragmento de los Países Bajos, participa en la recuperación de la capital alemana.

Si Souto de Moura esculpe maravillosamente el exterior de su edificio levantando unas paredes rígidas, Koolhaas esculpe el interior; vacía el cubo de la embajada para dibujar su 'trayectoria'. Mientras que Souto de Moura readapta el espacio piranesiano creando un prodigioso intermedio entre el cemento y la roca, Koolhaas desarrolla su 'trayectoria' con una geometría compleja. Una complejidad que extrae su fuerza de la compactación del edificio. Al tiempo que uno magnifica la estructura, el otro se las ingenia para demostrarnos que el espacio guía la estructura y no a la inversa. Pero los dos sacan fuerzas de lo existente: la materia de la cantera en Braga, la materia sedimentada de la ciudad en Berlín. Koolhaas marca un hito entre edificios que destacan la historia de la ciudad: a la derecha, un edificio nazi; detrás, la gran torre de televisión muy al estilo de los países del este.

Los dos establecen una relación interesante entre el interior y el exterior. Al contrario que los edificios introvertidos, es decir, autistas, estas dos obras son una forma de compartir: en el estadio, se trata de compartir la emoción, el espectáculo obliga; en la embajada, la ciudad es el lugar para consumir. Sin embargo, entre el placer del deporte y el placer de la urbanidad, estos edificios no desdeñan el placer de la obra efectista. En un bello guiño a Álvaro Siza, Souto de Moura extiende sus dos toldos de cemento a 40 metros de altura por encima del césped. Siguiendo una tradición 'superdutch', Koolhaas lanza su puerta falsa por encima del patio interior. Estos dos gestos no tienen nada de gratuito; cada uno de ellos responde, a su manera, a la cuestión del uso. Alojar a los espectadores en Braga, conferir a los usuarios la condición de

espectadores en Berlín. Esta caja suspendida crea un adentro-afuera apreciable para aquellos que ni siquiera tienen tiempo para salir a comer al centro de la ciudad.

La edición anterior había dado un giro a la historia de los 'premios Mies'.

Su atribución al aparcamiento y terminal Hoenheim Norte de Estrasburgo de Zaha Hadid, un proyecto tan escultural como dinámico, que combina suelo y estructura en la frontera entre la ciudad y el campo, hacía presagiar una evolución de las tendencias.

Según esta lógica, OMA, que hace mucho tiempo que trabaja a partir de la vía de la dinámica del espacio (desde el proyecto de biblioteca para Jussieu hasta el edificio del IIT de Chicago) partía con ventaja. En Berlín, Koolhaas desarrolla todo un escenario.

Su edificio crea múltiples planos-secuencias. Los espacios se convierten en cinematográficos, se prestan al *travelling*. Igual que decimos de algunas películas que son *road movies*, la embajada lo tiene todo de *building movie*. El movimiento está en el centro de la reflexión espacial, es el tipo de lugar donde ya no nos apetece coger el ascensor para dejarnos guiar por el recorrido. La película es en color y el diálogo, escrito con Ellen van Loon, está especialmente bien escrito. A su manera, Citizen K declara: «*ich bin ein Berliner*».

++++++++++++++++++++++++++++++++++++

La caja de Pandora
Aaron Betsky

La diferencia entre un edificio bien hecho y la arquitectura de calidad estriba en la reinvención del tipo de edificios mediante la imaginación arquitectónica. La enseñanza y la práctica arquitectónicas han evolucionado de modo que, por lo menos en la mayoría de zonas de Europa, los edificios que pertenecen al erario público, que se financian con las generosas sumas que aportan los comisionados privados o que disponen del espacio físico y económico necesario para ser algo más que simples respuestas a las necesidades funcionales y a las restricciones locales, están en general bastante bien hechos como tales, aunque, a decir verdad, son muy pocas las piezas arquitectónicas de calidad que pueden encontrarse en esas mismas zonas. Los edificios realmente logrados suelen seguir ciertos estilos o métodos de enfoque, y los mejores lo hacen con enorme fuerza y convicción, creando formas y espacios funcionales, agradables a la vista y, en ocasiones, incluso estimulantes. Después están los edificios inesperados, los que pueden cambiar nuestra percepción de la institución o actividad que albergan o que simplemente nos dan a entender que un edificio puede ser distinto de lo que esperábamos. Son precisamente esas estructuras las que resultaron finalistas en el Premio de Arquitectura Contemporánea de la Unión Europea - Premio Mies van der Rohe 2005.

Al parecer, el refinado de la caja es el método más extendido entre la mayoría de arquitectos europeos en el ejercicio de su arte. Actualmente, la idea de que la fachada es el lugar que transmite el significado sólo la sostienen los que manifiestan adherirse a la arquitectura tradicionalista, mientras que los clasicistas, entre éstos, buscan el significado en la panoplia de elementos que la tradición nos ha legado. Aunque nosotros, como jurado, no nos hemos formado ningún tipo de opinión sobre la importancia de estos planteamientos, realmente no hemos visto nada en las propuestas que alcanzara sus objetivos con un grado de competencia o resolución digno de mención, a nuestro juicio.

Ni tampoco hemos encontrado muchos diseños en los que la expresión de la estructura del edificio por separado haya favorecido la producción de un diseño interesante desde el punto de vista espacial o visual. El uso innovador de materiales como el revestimiento y los elementos de construcción no parece que haya creado espacios que justifiquen su distanciamiento del sistema habitual de edificación. Por último, la producción de edificios directamente a partir de programas informáticos, es decir, el uso de la informática para proponer formas que hasta ahora no se habrían podido crear y cuya fluidez escape de las limitaciones del edificio solitario, tampoco parece haber quedado muy representada en la selección que nos han mostrado, pese a que algunos de los proyectos elegidos se han servido de estos programas como parte de una estrategia global de diseño.

Por el contrario, la manipulación de la forma más elemental del objeto arquitectónico singular es lo que nos ha enfrentado una y otra vez a los diseños bien resueltos, bien elaborados y bien organizados. Un siglo después de que Frank Lloyd Wright expresara su deseo de «salir de la caja» y más de una generación después de que sobre todo los teóricos franceses nos hicieran darnos cuenta de que la singularidad de estas estructuras se basaba en una ilusión con una perspectiva ideológica bien cimentada, volvemos a la construcción de bellos contenedores, principalmente ortogonales. ¿Acaso esto indica un fracaso de la arquitectura como disciplina en su respuesta a las distintas definiciones del objeto arquitectónico? ¿Acaso el programa del Premio Mies van der Rohe premia los diseños conservadores por el mero hecho de que sólo merecen atención las estructuras construidas a cualquier escala y con esmero suficiente? ¿O acaso este jurado alberga prejuicios contra las redefiniciones extremadas de la arquitectura?

Efectivamente, hasta cierto punto se trata de esto. La pregunta, entonces, estriba en por qué es así. Me parece que la respuesta es que, por una parte, la búsqueda de una arquitectura importante y consolidada es una profecía que se cumple por sí misma, y que, por la otra, en Europa existe una tradición de hacer las cosas que ha resultado ser más vital de lo que nos habríamos imaginado hace unos años. El Premio Mies van der Rohe busca monumentos, es decir, edificios que constituyan instituciones destacadas, con frecuencia vinculadas al estado, que se emplazan en lugares importantes o que desempeñan el papel de referentes y que, en su propia construcción, logran aferrarse a determinados valores de la comunidad a la que pertenecen

(y en la cual, por el momento, se incluye al jurado). Lo hace porque estos edificios son los únicos que están por encima de preocupaciones relativas a la construcción y la función, y aportan un significado que pueda captar nuestra atención y merecer nuestro aprecio. Basándonos en estas estructuras, el programa del Premio Mies van der Rohe consolida una tradición de casi cuatro siglos, surgida en Francia, según la cual sólo estos edificios pueden considerarse plenamente arquitectura.

Pero la tradición a la que me refiero es otra. Es una evolución del modelo de las Bellas Artes mediante las nuevas tecnologías y estilos, pero también mediante el replanteamiento del lugar que ocupan dichos objetos en nuestra sociedad moderna, la del Posmodernismo, en lo que Robert Venturi profetizó como el 'todo difícil'. Es una manera de fabricar objetos conocida a lo largo de varios siglos de enseñanza de la arquitectura, que se caracteriza por su intento no solamente de representar el estado, sino también de mostrar cómo el diseño de un edificio responde a la gravedad, cómo se expresa su construcción, función y carácter, las proporciones y composiciones que emplea y cómo se distingue de su entorno, aunque no se excluya de él. Así, el objeto de la arquitectura europea, pese a seguir siendo reconocible, también participa de lo nuevo y actual de su entorno.

En Europa, sin duda es Aldo Rossi el mentor espiritual de este objeto. Él recordaba a los arquitectos cuáles eran sus responsabilidades con respecto a la tradición, la ciudad y la idea de arquitectura como expresión de una técnica escénica comunitaria. Y James Stirling, más que cualquier otro, es el mentor formal, que demostró cómo podía consumarse dicha tradición en objetos complejos que expresaran la conexión con sus entornos y la naturaleza híbrida y siempre cambiante de las actividades que se llevan a cabo en cualquier objeto urbano y moderno. Detrás de estas figuras se vislumbra la labor refinada de Ludwig Mies van der Rohe, la sensualidad de Alvar Aalto y las exploraciones esculturales de Le Corbusier, pero los edificios resultantes están arraigados en las formas y teorías que se desarrollaron después de 1968, tras la refundación de la cultura como respuesta, en parte crítica y en parte asimilada, a los efectos devastadores del capitalismo global tardío. Dicho de otro modo, la práctica europea actual, y los Premios Mies van der Rohe así lo confirman, es uno de los significantes culturales que sirven para perpetuar el mito del significado, la proporción y la realidad, todo ello concedido por el solaz del buen diseño, en el hecho singular de la construcción como transmisora de significado, tradición y capacidad de reconocimiento, y, por otra parte, en el entorno en continua transformación de nuestras vidas. El estado existe, pero integrado en nuestras inquietudes. La caja sigue existiendo, aunque con toda su complejidad.

Así que sólo nos quedan las cajas. Algunas de las mejores son reducciones en cristal del momento prismático de revelación que Mies van der Rohe generó y que aquí se manifiesta para adquirir relevancia, no como un enfoque natural sino como un enfoque intencionado dirigido a la creación de algo cultural. Me viene a la memoria la Marroquinería de Ardennes, de Patrick Berger y Jacques Anziutti, o el Centro de Desarrollo de Productos Ferrari de Maranello, en Italia, diseñado por Massimiliano Fuksas. En especial, es famosa la fabricación de cajas más sólidas en la península Ibérica y en Escandinavia, lugares donde la retórica se hace escultural y se materializa en cemento. Otros ejemplos válidos de este enfoque podrían ser, en primer lugar, el Centro de Arte – Casa das Mudas, de Calheta, Portugal, diseñado por Paulo David, que ofrece un uso teatral de los volúmenes de cemento para modular las experiencias que el público percibirá al desplazarse por estos espacios públicos: y, en segundo lugar, la complejidad del Museo de las Culturas del Mundo, de Gotemburgo, Suecia, a cargo de Brisac Gonzalez Architects en que los volúmenes se convierten en elementos sólidos que se cruzan y cuyas aristas desgastadas contribuyen a darles una apariencia de mayor solidez. Otros destruyen, dilatan la caja y fuerzan sus límites, como, por ejemplo el T-Center St. Marx de Domenig, Eisenköck y Peyker, en las afueras de Viena, o el Parlamento de Escocia, de Enric Miralles y Benedetta Tagliabue junto con RMJM Scotland Ltd. Por último, hay cajas absolutamente diminutas, como el Monasterio de John Pawson, situado en la República Checa. En este lugar, la caja se acerca al estado de recta y plano, suspendida y a punto de desaparecer, y, de este modo, confirma su naturaleza esencial. El hecho de estar al borde de la desaparición sólo puede darse en situaciones extremas, lo que refuerza la sensación de que, en este caso, la caja refleja el acercamiento de la arquitectura al arte.

En cambio, parece que los diseños ganadores se adentran por una trayectoria distinta. Sin duda, cuatro de los cinco proyectos finalistas poco tienen que ver ya con la caja (como podría decirse de otros proyectos seleccionados, entre ellos el Viaducto de Millau de Foster & Partners y Michel Virlogeux). El evidente abandono de este tipo de contenedor queda patente en los dos proyectos que despuntan en el paisaje: la Explanada del Fórum 2004 y el Estadio Municipal de Braga. El primer proyecto, diseñado por Martínez Lapeña - Torres Arquitectos, difícilmente puede considerarse un edificio; más bien se trata de un elemento paisajístico cuya única función, entre las que se suponen más adecuadas para un edificio, es la capacidad de proteger a los visitantes del sol. No obstante, se erige como un hito en el nuevo territorio de un extremo de Barcelona, además de servir para revelar la nueva tecnología mediante la cual podríamos y deberíamos suavizar nuestro clima. Lo hace con unos elementos estructurales de marcado carácter escultural que, sin embargo, también parecen contradecir su verdadero modo de funcionamiento.

El Estadio Municipal de Braga es un objeto totalmente distinto. Consigue plantear un lugar diáfano para reunirse con –y en relación con– el paisaje natural donde el arquitecto lo ha colocado. En lugar de ceñirse al diseño estándar que el sitio exigiría, Eduardo Souto de Moura prefirió convertir la mitad

de las gradas en una versión creada por el hombre de la colina rocosa en la que se ha excavado el campo de fútbol, mientras que la otra mitad constituye una abstracción del equilibrio entre la elevación y la extensión que utilizan los grandes espacios deportivos para alojar a su público. En este punto, la arquitectura casi se funde con una combinación de paisaje y espectáculo y, lógicamente, los resultados son impresionantes: utilizan la escala y la calidad romántica de la tierra para cimentar un sentido de lo compartido y lo inusitado, con lo que consiguen determinar un argumento para la comunidad y la cultura que evita la escala y las actividades comerciales con las que normalmente tienen que lidiar los arquitectos.

Por su parte, los dos proyectos británicos están en el centro de la cultura comercial. Los grandes almacenes Selfridges & Co. de Birmingham, diseñados por Future Systems / Jan Kaplicky y Amanda Levete, aceptan las calles, los modelos de circulación y la vacuidad esencial de su situación, y convierten, suavizándolos, las diversas curvas y vacíos resultantes de esta condición en una forma sinuosa que, como abstracción de todas estas fuerzas latentes, constituye un claro signo de este mundo fluido. La compra y la venta giran en torno a la eliminación de las barreras de la distribución, por una parte, y del deseo, por la otra, mientras que la planificación de los grandes almacenes se basa en esa especie de utopía representada por el diseño libre de barreras. Future Systems convierte dicha planificación en una estética que, de ese modo, niega las aristas angulosas de las cajas. El resultado es algo que parece otra cosa, pese a que nunca queda claro del todo lo que podría ser. Es una ameba que flota en un mar de compras y coches, que cambia de forma y de asociación al tiempo que uno recorre el espacio y sus alrededores.

El 30 St Mary Axe (oficinas centrales de Swiss Re) no posee nada de esta complejidad enigmática y, a su vez, comercial. Es un claro icono. Igual que los grandes almacenes Selfridges, suaviza lo que normalmente es una forma rectangular y lo convierte en algo mucho más logrado; destapa con ello el símbolo fálico inherente en el rascacielos y deja claro así que el objetivo del ejercicio radica en construir algo lo más grande y erecto posible. Asimismo, mediante la abstracción convierte la complejidad de su entorno urbano en una simple figura geométrica y lo hace con gran habilidad y simplicidad. Por dentro, el edificio extrapola el *burolandschaft* a su destino natural y en forma de espiral: el de los jardines colgantes que siguen la trayectoria ascendente del rascacielos y el flujo de aire que circula entre estos edificios. El todo cuelga con una estructura de acero que articula este diseño con admirable precisión y grandeza barroca, desde la 'X' que marca la entrada simplemente materializando la lógica de la estructura, hasta los modelos en espiral de los paneles de cristal que responden a las distintas necesidades de iluminación en las zonas tanto de trabajo como públicas. Sólo la parte superior, donde el ambicioso pepinillo termina en una elegante cafetería de empresa que domina el paisaje, parece demasiado previsible y evidente.

Por todas sus características gestuales y de libertad, el jurado consideró que estos edificios denotaban en exceso sus pretensiones iniciales. Aunque sobresalían del resto de propuestas justamente porque reimaginaban sus funciones, emplazamientos e instituciones, perdían determinada claridad y conexión inherente a la caja, necesaria para cualquier objeto aspirante a la categoría de monumento que recompensa el programa de este premio europeo. El diseño al que hemos concedido el premio Mies van der Rohe, así como el edificio por el que NL Architects obtuvieron la Mención Especial Arquitecto Emergente, no es muy distinto de las cajas; resulta ser una involución de éstas que alcanza la libertad representada por el estadio de Braga con tanta fuerza y empeño. El BasketBar lo hace desnudando la caja y transformándola en una jaula lúdica que queda suspendida sobre un bar acristalado, prácticamente desaparecido y, a su vez, abrumado por una rampa de *skate* de color naranja claro. Erigido en un entorno de heroicos volúmenes modernistas, nuevos y viejos, se sostiene con *riffing*. Convierte la geometría y la función en puro juego, tanto literal como formalmente. El BasketBar se niega a tomarse la arquitectura en serio y, por ello, propone que los rituales del juego, los deportes y la bebida sean en realidad los elementos a partir de los que podamos construir una comunidad y una cultura colectiva. Tal vez parezca un enfoque poco serio, pero de eso trata. Quizás necesitamos encontrar la salvación, no en las formas finales o en los detalles perfectos, sino en la adaptación relajada y alegre de la realidad cotidiana para que estas circunstancias engendren un modelo, una corriente y un juego de significado.

Al final fue la embajada de los Países Bajos en Berlín el proyecto ganador del Premio Mies van der Rohe, ya que es el monumento perfecto que se vuelve sobre sí mismo y deja que la misma sensación de descubrimiento, juego y relaciones abiertas surja en pleno corazón de la arquitectura del estado o controlada por el estado. Es un objeto incompleto: se deshace de parte de sí mismo como un elemento en forma de L y revestido de una malla que sirve para completar el bloque y responder a las condiciones locales, y deja un objeto parcialmente en voladizo, alejado de su centro, sobre una explanada cercana. En el interior, la más profunda tradición de las Bellas Artes se ha llevado a su extremo lógico. El eje fundamental que debería conducirnos al espacio más importante y dividir el edificio en sus partes funcionales se ha convertido en una espiral que nos lleva directamente desde la puerta principal hasta la cafetería de empleados y continúa hasta el tejado. El despacho del embajador está situado en un lateral y cuelga peligrosamente del exterior del propio edificio, mientras que los espacios oficiales de reunión quedan medio suprimidos por debajo del nivel de la entrada. La misma importancia que se persigue para el edificio conforma su espacio público más destacado, una sala revestida de metal que coordina en una búsqueda sin fin todas las actividades de la embajada, excepto el lugar de reunión por excelencia de la comunidad: la cafetería de empleados, ubicada en la parte superior, donde tienen lugar las comidas informales y colectivas. Durante la trayectoria, el edificio capta nuestra atención no sobre sí mismo y sus detalles, sino sobre el mundo que lo rodea, y hace que percibamos toda la arquitectura de calidad que aún existe. Asimismo, da lugar a preguntarnos què debe hacerse cuando la arquitectura ya no es necesaria más que como instrumento memorial y focal de los valores y las construcciones ya establecidas.

La embajada de los Países Bajos constituye el monumento conservador que se ha dado la vuelta a sí mismo. Irónicamente, de este modo salva el tipo, la caja y la idea de que la arquitectura puede tener un significado a partir de la disolución. Lo que hace este edificio tan atractivo es la demostración de que hay valor y belleza en las tradiciones de la arquitectura europea, pero solamente si éstas se reinventan. Invirtiendo, desnudando, complicando y prácticamente matando todo lo que representa la arquitectura según la perspectiva formal que la edición del Premio Mies van der Rohe tiene como objeto, Rem Koolhaas ha salvado un lugar para la arquitectura. Debemos preguntarnos ahora: ¿es ésta la espiral que, igual que las 'escaleras' de Borromini, nos acerca más a Dios, o acaso la arquitectura está dando un giro descontrolado en espiral que nos obliga a imaginar algo que, en realidad, está más allá de su propia caja? ¿Acaso Rem Koolhaas ha abierto la caja de Pandora?

++++++++++++++++++++++++++++++++++++

Pluralidad: Premio de arquitectura de la UE
Dr. Suha Özkan

En el mundo de la arquitectura hay básicamente dos tipos de premios. El que podríamos denominar de 'medalla de oro' está destinado a reconocer una vida de logros y compromisos, como hace el más destacado de estos galardones, el Premio Pritzker otorgado por la Hyatt Foundation. Las medallas de oro concedidas por el RIBA y la AIA siguen una pauta similar. Por su parte, el Praemium Imperiale de la Asociación Artística de Japón cubre, además de la arquitectura, otras formas de expresión artística como la pintura, la escultura, la música, el teatro y el cine. Estos premios son hitos importantes que dan preeminencia a los héroes de nuestro tiempo y los honoran junto con sus semejantes en una continuidad histórica.

El objetivo del otro tipo de premios es distinguir logros ejemplares y de una singularidad basada en proyectos, algo que llevan a cabo muchas instituciones y publicaciones arquitectónicas con premios anuales que reconocen dicha excelencia en el marco de su propio entorno. A escala internacional son cuatro los premios señalados que tienen como objetivo el reconocimiento de proyectos. El Premio Príncipe Claus, de los Países Bajos, y los Premios Rolex, de Ginebra, incluyen la arquitectura en el ámbito del desarrollo y la innovación, cuestiones de mayor alcance que centran su interés. Por su parte, el Premio Aga Khan y el Premio de Arquitectura Contemporánea de la Unión Europea - Premio Mies van der Rohe están dedicados exclusivamente a la arquitectura. Así, mientras que el primero de ellos, el Aga Khan, se centra en las comunidades islámicas, el contexto geográfico del Premio Mies van der Rohe abarca la Unión Europea y los países asociados a ella.

Este último galardón presenta, pues, una selección de la producción arquitectónica europea basada en la calidad. La meticulosa y esmerada documentación preparada para las reuniones del jurado, así como la exposición itinerante y la publicación del catálogo que recoge las obras seleccionadas para cada edición, han devenido una importante fuente para la arquitectura contemporánea.

Por otro lado, sobre todo debido a la preponderancia de los idiomas de la Europa occidental y, en algunos casos, por la inaccesibilidad de los medios de difusión sobre arquitectura, muchos proyectos de la Europa del este y de los Balcanes siguen siendo poco conocidos. Este premio se encarga de acercar al jurado los proyectos diseñados en estos países, lo cual, a su vez, es una buena oportunidad para los arquitectos.

Aunque la presentación de las nominaciones tiene un parecido con el método que seguimos en el Premio Aga Khan de Arquitectura, lo más original del Premio Mies van der Rohe es que el jurado visita en grupo las obras finalistas en lugar de estudiar los proyectos presentados por un tercer experto. Un aspecto que transforma el quehacer del jurado, antes de su segunda y decisiva reunión, en un coloquio in situ.

El jurado del Premio Mies van der Rohe está formado por un grupo internacional de arquitectos. En la edición de 2005 ha sido presidido por la ganadora de la convocatoria anterior, Zaha Hadid. A principios de 2005, los miembros del jurado se reunieron por vez primera en Barcelona y llevaron a cabo la selección de obras finalistas. El proyecto de la Explanada y la Placa Fotovoltaica diseñadas por José Antonio Martínez Lapeña y Elías Torres para el Fórum Barcelona 2004 fue examinado justo después de la primera reunión.

La cubierta de hormigón armado, una de las estructuras más extraordinarias construidas para este acontecimiento centrado en la comprensión cultural, la justicia social y el desarrollo sostenible; está tapizada con placas solares que generan electricidad. La pérgola forma parte de un vasto plan de remodelación urbanística de la franja costera de Barcelona, justo en el límite con el municipio vecino de Sant Adrià de Besòs. La pérgola inclinada, sostenida por cuatro columnas de hormigón, orienta las placas solares a la vez que produce un espectacular efecto escultórico destinado a convertirse más adelante en el símbolo del futuro puerto y área del Fórum.

En Londres el jurado visitó 30 St. Mary Axe, el edificio conocido popularmente como el 'pepinillo' que aloja las oficinas centrales de la empresa Swiss Re. Diseñado por Norman Foster / Foster and Partners, el revestimiento exterior que cubre esta torre de cuarenta pisos es de acero y está construido como una estructura geodésica rombal completamente transparente. Tres franjas rectangulares se cruzan en el núcleo central de servicios y prevén así el amueblado de los

espacios rectilíneos al tiempo que dejan seis huecos triangulares formando una espiral ascendente continua ideada para despedir el aire caliente hasta la parte superior de la torre. El edificio está destinado básicamente al alquiler de oficinas, con una superficie de más de 76.000 metros cuadrados, y está equipado con todas las prestaciones habituales en los sistemas de edificación más contemporáneos e inteligentes.

El jurado viajó hasta la cercana Birmingham para valorar el proyecto de los Grandes Almacenes Selfridges, a cargo de Future Systems / Jan Kaplicky y Amanda Levete, uno de los edificios más divulgados y comentados de los últimos años. El envoltorio ciego y redondeado que actúa de contenedor periférico se parece más bien a un 'capullo', mientras que los discos blancos en el fondo azul oscuro prestan una cualidad surrealista. Los espacios interiores, faltos de líneas rectas, flotan en libertad y ofrecen un ambiente de compras informal en el que se experimentan todos los niveles como si fuesen uno.

En Portugal, los miembros del jurado visitaron el Estadio Municipal de Braga, de Eduardo Souto de Moura. Ubicado en la ladera norte del Monte Castro, forma parte del parque deportivo de Dume. El estadio, de 40 metros de altura, tiene capacidad para 30.000 personas sentadas en una gradería cubierta a cada lado del campo de fútbol, y está formado por dos cuadrados con un mismo grado de pendiente. En la base descansa sobre una plataforma simple, y tiene una presencia urbana de destacada sencillez. El diseño del tejado en pendiente se basa en los puentes colgantes, maravillas de la ingeniería que los incas peruanos construían para salvar las profundas gargantas de los ríos que separaban sus ciudades.

El jurado decidió otorgar el Premio Mies van der Rohe 2005 a la Embajada de los Países Bajos diseñada por OMA / Rem Koolhaas y Ellen van Loon, encaramada a orillas del río Spree y en medio de la arquitectura conservadora del antiguo Berlín Oriental. El programa requería un edificio compacto de 5.000 m^2 destinados a oficinas y 900 m^2 para zona de viviendas. El tejado del edificio está tratado como una fachada independiente, y su amplio jardín pone término a la ruta continua que atraviesa en espiral la estructura.

La Embajada responde al paisaje urbano de Berlín dando protagonismo al río y añadiendo un patio que, en esencia, separa las viviendas de los despachos. Desde el exterior no es más que una caja. Sin embargo, la composición de su plano añade complejidad al encargo mediante la disposición atípica de espacios no rectilíneos. Además, a través de la ruta de circulación la ciudad y el paisaje que lo envuelven son visibles y están presentes en el edificio. Los puentes y galerías transparentes que conectan los despachos con las residencias dotan al conjunto de una sólida cualidad tectónica. La sala de reuniones, situada en voladizo sobre el patio, es un poderoso elemento icónico que conecta directamente con el despacho del embajador.

La Embajada berlinesa diseñada por OMA tiene muchos rasgos originales e ideas arquitectónicas de gran agudeza que revelan el discurso vigente en la arquitectura actual. Durante muchos años se hablará de ella y será motivo de debate, además de reconocerse su valor. Sería deseable que un edificio de esta importancia fuera mucho más accesible al público para que fuesen multitud los que lo disfrutaran y experimentaran.

El BasketBar del equipo NL Architects / Pieter Bannenberg, Walter van Dijk, Kamiel Klaase y Mark Linnemann, fue elegido para la Mención Especial Arquitecto Emergente. Situada en el campus de la Universidad de Utrecht, la pista de baloncesto se eleva desde el nivel del suelo y deja por debajo espacios multifuncionales que se pretenden de reunión para toda la comunidad académica: un bar, una cafetería y espacios recreativos y de encuentro. La solución es una incorporación creativa de distintos programas arquitectónicos en un espacio limitado de uso comunitario. También se tuvo en cuenta la simplicidad minimalista del proyecto.

Estas obras, junto con las 27 seleccionadas por el jurado para la exposición y el catálogo, fueron exhibidas en el Congreso Mundial de la UIA celebrado en Estambul en julio de 2005, en medio de una gran expectación. Un aspecto importante del proceso seguido en este premio es su capacidad para desarrollar nexos institucionales que intentan relacionar distintas culturas en el seno de la Unión Europea. Creo que en nuestro camino hacia una Unión Europea cada vez más integrada, con multitud de expresiones para distintas soluciones arquitectónicas, este premio acaba siendo un medio de comprensión y reconocimiento de la pluralidad desde el punto de vista de la arquitectura contemporánea. ¿No es acaso la arquitectura el espejo de la civilización?

++++++++++++++++++++++++++++++++++

La grandeza de lo trivial
Eduard Bru

He titulado este artículo *La grandeza de lo trivial* porque esa es precisamente la cuestión: el final del proyecto moderno no tiene que ver con el caricaturesco 'remake' clásico, hecho de materiales artificiales y groseras simplificaciones, que fue presentado como su relevo.

El final real de aquel camino que empezó con la Ilustración tiene relación, en realidad, con la pérdida del poder de la clase ilustrada, con su desaparición de posiciones prominentes y excluyentes del escenario cultural y del estatus que le permitía dictar el gusto.

Esto no es sólo una coyuntura a la que pagar un tributo, como hace el más expresamente 'vulgar' de los proyectos seleccionados, los Grandes Almacenes Selfridges & Co. Es mucho más, es un estado de conciencia que puede constatarse en muchas de las discusiones del jurado relativas a los dos proyectos que tuvieron más anuencia. De eso voy a tratar ahora.

Pretendo pues dirigir estas notas principalmente a dos de los proyectos finalistas, aquellos que centraron la recta final de las discusiones, es decir, la Embajada de los Países Bajos en Berlín de OMA / Rem Koolhaas y Ellen van Loon, y el Estadio Municipal de Braga, de Eduardo Souto de Moura.

En medio de esa discusión de estricta actualidad, la Explanada del Fórum 2004 y planta fotovoltaica y el rascacielos 30 St Mary Axe quedan un tanto solos, con su pulida polisemia como nueva forma de eclecticismo: Lo brillante del proyecto de Elías Torres y José Antonio Martínez Lapeña tiene que ver con ser simultáneamente un anuncio gigantesco y una pérgola a la catalana dispuesta sobre Stonehenge. Foster intenta ser, todo al tiempo, pura estructura, pura geometría, un poco orgánico y también ecológico, aunque el argumento del soleamiento para justificar el movimiento elíptico resulta trivial.

Los dos edificios 'superfinalistas' tienen 'errores' —entendiendo por errores la resolución laxa de aspectos a los que habitualmente se les otorga más importancia—, aunque en K pudieran considerarse parte del juego.

¿Qué errores?. En Souto de Moura la extraña y larga 'procesión' que es preciso efectuar para acceder a un frente de las gradas, desgajadas de la relación del edificio con el lugar. Y principalmente, en mi opinión, el maquillaje del paisaje para mostrar tan sólo su lado titánico (preparando el terreno a la planta baja Piranesiana, el énfasis en la relación desagüe de la cubierta-rocas, etc.), velando al tiempo lo que es, como mínimo, la mitad de su alma —su pertenencia a la trivial periferia—, aunque se oculte con una duna añadida en el gol Sur.

En K, el 'error' consiste en constreñir a los trabajadores de la embajada en un interior rodeado por una magnífica rampa con vistas para, según se afirma, la socialización de los propios empleados y, sobre todo, para las fiestas que todos los cuerpos diplomáticos se afanan por celebrar, precisamente, en ese lugar.

Con todo ello, ambos construyen —forzando los programas— escenarios magníficos para el imaginario de la cultura de masas, aunque desde dos estrategias opuestas: lo banal/ligero/fluido (OMA) lucha con lo hipersignificante /denso /estático (Souto de Moura).

La discusión principal tiene que ver con el deseo de centro y estaticidad (estando en la periferia y con grandes movimientos de público y juego) y el deseo de excentricidad —perímetro-periferia y movimiento (estando parados en el centro). Así, subvierten ambos el mensaje esperado: lo solemne, una embajada, se convierte en un ligero carrusel de vistas; lo ligero, el ámbito para un deporte, en un escenario titánico.
Pero en el estupendo proyecto de Braga lo que parecía tan serio no resulta serlo tanto: a pesar de los esfuerzos desplegados para presentarla como una escena de Esquilo, constatamos indisimulable liviandad en la celebración de un partido de futbol que, a pesar de la *mise en scène*, percibimos en la periferia más o menos manipulada.

K parece desvelar, más que forzar, una situación y por eso, en mi opinión, ganó.

Pues estamos ahora siempre en medio de una corriente hecha por la ciudad. Como en la ciudad, en este edificio ninguna estaticidad, ninguna detención o permanencia, en ningún sentido, será permitida. Obsérvese el asiento presidencial de la sala de reuniones: es como los otros pero está forrado de una estridente piel de vaca; esto es, bastará con un gesto arrancar la piel de vaca para que el que tiene el poder –inestabilidad máxima– sea devuelto a la condición de empleado. El embajador es el único que se salva de la corriente, pero, al hacerlo, adquiere una posición de singular peligro, expuesto al precipicio.

Manuel Castells evoca el cambio producido entre del 'espacio de los lugares' al 'espacio de los fluidos'. Este es, con mucha aproximación, el asunto, y lo bueno es que ese 'espacio de fluidos' remite a, y pone en valor, un lugar: Berlín. Esa condición fluida está también presente en el expeditivo collage funcional que mereció la Mención especial al arquitecto emergente: dos usos distintos unidos, a la manera que abunda en Tokio, por la presión del fluido urbano, corriente abajo.

Volviendo al centro de la discusión, creo que el proyecto de Souto de Moura pinta como los europeos quisiéramos ser.

El de Koolhaas es una radiografía acerca de como somos.

+++++++++++++++++++++++++++++++++++++

Dos formas distintas de ser modernos
Roberto Collovà

Si la noción de modernidad tiene algún sentido, por fuerza hay que relacionarla con la de multiplicidad, y por lo tanto no puede haber una única forma de ser moderno.

Al final…, las obras a considerar para el premio eran tres, cada una de ellas moderna, a mi modo de ver, por razones distintas: la Explanada y Planta Fotovoltaica de José Antonio Martínez Lapeña y Elías Torres en Barcelona, el Estadio Municipal de Eduardo Souto de Moura en Braga y la Embajada de los Países Bajos de OMA / Rem Koolhaas y Ellen van Loon en Berlín.

El proyecto de la explanada es una forma genial y ligera de entrar en la ambigüedad que ha ido creándose en los últimos años entre arquitectura y escultura. Es una obra que no renuncia a su terreno específico, y pese a ello puede leerse como una gigantesca escultura, que compite con los colosos de la antigüedad. Se diría que representa al mismo tiempo la inestabilidad y la búsqueda del equilibrio, que responde al programa preciso de un edificio moderno por la energía y que utiliza sabiamente la posición y el gran tamaño típico de las construcciones para ser avistadas desde el mar.

Es uno de esos espacios ambiguos que responden a la disolución contemporánea del espacio público en beneficio de otros, menos definidos y más ricos de posibilidades,

que consolidan identidades diversas según el momento y el evento que los atraviesa.

Pese a su gran interés, la obra de Martínez Lapeña - Torres sufrió una especie de exclusión natural, como para ceder el campo a la celebración de una confrontación, en la cual por cierto habría podido matizar el radicalismo derivado de la orientación predominante del jurado, abriendo una discusión más específicamente arquitectónica y tal vez menos ideológica.

Pero el tema principal se deslizó impropiamente hacia uno de los numerosos lugares comunes o definiciones conflictivas presentes hoy día en el campo de la arquitectura como cultura estrechamente vinculada a la contemporaneidad, en este caso la contraposición entre innovación y contextualismo.

La confrontación por lo tanto opuso de forma radical la Embajada de los Países Bajos y el Estadio de Braga como resultados de dos líneas de conducta de las que sólo la primera asumía la innovación y por consiguiente, casi de forma automática, la cualidad central de la arquitectura moderna.

Alguien dijo a propósito del Estadio de Braga: parece un edificio de los años sesenta…, revelando sin querer una interpretación evolucionista o incluso estilística de la arquitectura. Quisiera hablar aquí, por lo tanto, de los argumentos que parecen construir los conceptos de las dos obras, para buscar un plano de confrontación específico y relativamente objetivo.

Ambos edificios establecen relaciones muy fuertes con el entorno, en el primer caso mediante la integración en la ciudad densa y estructurada de las manzanas de casas, y en el segundo mediante la construcción de un auténtico paisaje.

El proyecto de la Embajada de los Países Bajos está regido por toda una serie de operaciones. La primera es una intervención en el sistema de manzanas urbanas, un típico añadido y reconstrucción en el área de la parte que falta, que a través de una variación sintáctica genial se enfrenta a los temas típicos que plantea la necesidad de completar un sistema, anclando sólidamente en él un nuevo fragmento complejo.

El proyecto tiene pues una organización rigurosamente urbana. El programa de la Embajada se descompone, reposicionando la parte que presta los servicios y la parte que los recibe en la parrilla del sistema, como miembros de la isla de casas, de tal manera que se forma un edificio articulado.

Esto genera una planta urbana abstracta, donde un cuerpo estrecho en forma de L, que constituye el perímetro de una amplia concavidad acoge, en posición asimétrica, un objeto compacto que se presenta como un precioso pabellón.

A partir de este anclaje con la ciudad, el proyecto se enfrenta a la vez a todos los temas clásicos de la propaganda de Le Corbusier: la desmaterialización, la estereometría, la fachada libre, la transparencia… y, entre todos ellos, la promenade, que es asumida como parte organizadora del pabellón de la Embajada.

El concepto de la *promenade* se entrelaza con el de las variaciones de la planta. Cuando les eché una primera ojeada, los planos ya me dieron la impresión de estar observando los fragmentos de una pequeña ciudad medieval. Los dos preciosos dibujos en los que se transcribe el desarrollo lineal de las plantas y secciones de todos los niveles ilustran perfectamente la intención de esa visión conceptual e histórica de la *promenade*, que atraviesa todo el pabellón, desde la planta baja hasta la terraza. Con esta última, que también es una operación de construcción del recorrido ascensional sobre las vistas urbanas, se consolida la relación ya muy fuerte con la ciudad, que de esta forma entra dos veces en el edificio, el cual a su vez prolonga virtualmente su infraestructura interna dentro de la ciudad y así en cierto modo la refunda a los ojos de los visitantes. Rem Koolhaas y Ellen van Loon llevan hasta sus últimas consecuencias físicas y virtuales el discurso de Le Corbusier sobre la *promenade*. Al igual que Le Corbusier y otros muchos arquitectos del Movimiento Moderno, hacen entrar la ciudad dentro del edificio, sin rehuir lo pintoresco (como en el Plan Obus).

Desde la *promenade* se advierte la discontinuidad de los recorridos, se constata la inaccesibilidad de muchas partes del edificio, su separación y jerarquía. En realidad el programa de la Embajada es rígido como el de una caja fuerte con muchos compartimentos, y la *promenade* desempeña la función de anular aparentemente las distancias y las inaccesibilidades.

Con este objetivo, referido al espacio representativo, el edificio realiza al contrario y, probablemente en relación al programa de la Embajada, una forma de panóptico reticular y difuso.

Incluso hay un componente voyeurista en este recorrido que permite espiar por así decirlo desde lo alto, desde abajo, en diagonal, como a través de un filtro coloreado; vemos a los que pasan y nos ven mientras pasamos, pero resulta difícil encontrarse de veras, y uno tiene la impresión de no poder entrar en ningún sitio si no es indirectamente.

Las demás cualidades del edificio manifiestan cierta nostalgia, aunque sea irónica, de figuras heterogéneas del pasado. Las puertas conservan obstinadamente el grosor de paredes que se entreabren, como para ironizar acerca de la impenetrabilidad de los despachos y acerca de la imagen de la construcción duradera...

La poderosa referencia a la arquitectura fabril produce una imagen lacónica, por la tipología de las partes y de las comunicaciones, diseñadas como cintas y comedores para seres humanos, por la utilización de materiales pobres, por el carácter no convencional de los espacios.

El uso de los materiales corrientes se asocia casi siempre con un detalle que intenta ser ordinario o deliberadamente descuidado. No hay diseño, todo es espartano.

El contrapunto del carácter lacónico se obtiene a través de la desmaterialización que se produce con la desaparición de la luz artificial. La volumetría diurna se descompone por la noche proyectando otras formas a través de los revestimientos de chapa microperforada. Cuando cambian las condiciones de luz cambia el sentido de los materiales pobres; esta cualidad inestable es la encargada de la representación preciosa del edificio, a pesar de que los revestimientos metálicos *de oro* de los edificios de Sharoun, cuya brillantez y granulado todavía aluden a las cúpulas clásicas, aquí se han reducido al gris.

Todas las operaciones son en alguna medida sorprendentes, y detrás de un lenguaje moderno se oculta en realidad una relación con la ciudad de tipo pintoresco y barroco.

Podemos decir que el edificio de OMA es, respecto a su historia, un edificio maduro ya que se compromete con una arquitectura no construida únicamente como contra-idea, sino desde un punto de vista más crítico y una atención más delicada, casi femenina, hacia formas de equilibrio que permiten la elaboración de un verdadero lenguaje. Con este proyecto, OMA acepta trabajar dentro de las reglas de la ciudad y descubre que ello no es ningún obstáculo para sentirse absolutamente libre y se diría que la preocupación por darle a la arquitectura un papel demostrativo se atenúa.

Y es posible que esa cualidad de la mediación sea la otra cara del desdoblamiento del estudio de arquitectura: por una parte la oficina de investigación y, por otra, la de proyectos.

Y al mismo tiempo esta incardinación en la ciudad es llevada a sus últimas consecuencias, ejerciendo una forma de contextualismo totalizador y radical que hace que el edificio, además de sus lazos y relaciones urbanas y físicas con el entorno, pueda ser visto como un núcleo sólido, una especie de *agujero negro* que capta selectivamente y a alta velocidad fragmentos precisos de imágenes de la ciudad próxima y distante, hacia abajo, hacia arriba, hacia adelante y hacia atrás, en diagonal, y los engulle dentro del ambiente densamente urbano de sus vísceras. Cada tramo de calle podría prolongarse virtualmente cientos o miles de metros fuera del edificio constituyendo los trazados de un verdadero plano barroco virtual.

El edificio de OMA me parece de una inteligencia extraordinaria y en cierto modo perfecto. Y a la vez, precisamente por ser literalmente perfecto, creo que está saturado, que no deja espacio a la contradicción, al uso impropio y a la transgresión que son propios de la vida. El único espacio en que parece hallar su lugar una vida eventual e imprevisible es justamente la *promenade*, pero al contrario que la de Le Corbusier, que proponía un viaje dentro del edificio, ésta parece más bien un espacio de autorrepresentación.

Esta arquitectura se me antoja, en su perfección, seductora y a la vez reclusiva, pero quizás no haya contradicción entre ambas cosas.

Para el Estadio de fútbol de Braga de Eduardo Souto de Moura, hay un programa funcional concreto y hay un lugar. El proyecto es concebido como una forma de completar el lugar a través del programa.

La característica más interesante de este proyecto es que se percibe muy claramente el trabajo de depuración de las tipologías que suelen emplearse en los edificios destinados al deporte. En estos casos suele haber un cierto automatismo que liga casi unívocamente el programa al tipo y a la imagen de la propia arquitectura.

Para realizar este trabajo minucioso, Souto de Moura desconstruye la tipología habitual de los estadios, hace de ella una crítica radical y extrae los elementos constitutivos esenciales de una forma absolutamente abstracta que permite ponerlos al mismo nivel que los demás elementos, los que vienen marcados por el emplazamiento, sometidos a su vez al mismo proceso. Estas operaciones son absolutamente específicas. Creo que la arquitectura, desde lo físico a lo virtual, consiste justamente en operaciones específicas de este tipo.

Deconstrucción y abstracción del estadio en fragmentos coincidentes con las partes funcionales necesarias, remoción de otras partes, convertidas igualmente en abstractas, como si ya existiese algún elemento del proyecto, a través de un trabajo de lectura y de interpretación. Se trata de una forma de desconstrucción que se asemeja a la figura retórica de la metonimia al nombrar el estadio a través de sus partes esenciales: las gradas y la cubierta.

Como en otros proyectos, por ejemplo en la Pousada de Bouro, Souto de Moura, sin ningún sentimiento de culpa respecto a la obligación de un futuro moderno y sin miedo respecto a un pasado con el que marcar distancias, realiza también aquí una operación de alta cirugía, en este caso ambiental o mejor paisajística, una operación moderna, un auténtico injerto, digno de un mundo de prótesis y transplantes, de un mundo artificial, de viejas y nuevas anatomías, en cierto modo monstruosas, si las comparamos con el convencionalismo de las tipologías usuales y por tanto auténticamente nuevas, también por ser fruto de un proceso y de un descubrimiento.

La obra de Souto de Moura es una obra generosa, ya que el autor no se centra en sí mismo, sino en el problema que hay que resolver; es una obra tranquila, que acepta el desafío excepcional y a menudo imposible de hallar una naturaleza nueva, que no teme valerse de lo que ya se ha dicho para intentar decirlo de nuevo aquí y ahora, sólo con algún matiz diferente pero que sin embargo genera cambios radicales y paisajes inusitados.

Todo esto se inspira probablemente en la lectura mítica y sin prejuicios de figuras que vienen de muy lejos: los teatros griegos, por ejemplo, su carácter absoluto y a la vez su disponibilidad para la amputación, para hallar su lugar en una hondonada natural.

Aquí no hay ninguna armonía amable, no hay respeto sagrado por el lugar; al contrario, la operación revela una cierta dureza y una matriz casi brutalista. El contacto entre la lógica del principio constructivo y las condiciones del lugar es totalmente artificial y no en un sentido pintoresco, por supuesto, ya que no se basa en la exigencia de componer, sino en la combinación de elementos y partes traídas y encontradas y en el aprovechamiento de recursos mínimos, con la convicción absolutamente moderna de que todo es posible. Aquí no hay ninguna ideología.

Finalmente, o quizás mejor dicho en primer lugar, existe una idea elemental, un principio constructivo simple como la palanca, tres partes coincidentes con tres hojas que casi se aguantan solas, como una cabaña arcaica, como la tienda de Le Corbusier.

Es agradable no olvidar que en la época de lo virtual todavía vivimos ayudados por palancas, ruedas y contrapesos, como en la Edad Media.

No se trata de una fuga hacia la ingeniería, aunque sí es un problema de ingeniería; se trata simplemente de recurrir a un principio y a una situación de equilibrio que escenifica a un tiempo la construcción estable pero basada en un equilibrio precario y dinámico.

Pero este edificio, que rechaza los límites usuales de sus congéneres, por una parte se funde con el paisaje próximo y lejano, y por otra tiene espacios internos cavernosos y arcaicos como grutas, industriales y técnicos, espartanos como los de una base nuclear, evocadores y arqueológicos como las Prisiones de Piranesi. Las bases de sus pilares parecen inacabadas, alimentando la imaginación como si se tratara de una excavación o de un edificio en construcción.

Alguien ha dicho que "la ausencia de límites hará que el clamor del público se pierda...". Es posible, nosotros visitamos el edificio vacío. Puedo imaginarme el sonido de un sitio así, entre los gritos de una batalla arcaica y el retumbar de los ritmos de un concierto de rock. Sonidos nuevos, insólitos para un estadio.

Y la fachada urbana de tamaño gigantesco que parece que vaya a caer sobre la plaza de un momento a otro. Espacios y situaciones, que parecen recordar la forma del mundo "suspendido... como en un balcón...asomado a una balaustrada... en otros balcones o palcos de teatro por encima o por debajo..." descrita por Italo Calvino, imaginarios en el sentido de que hacen volar la imaginación que, como él decía, "...es un lugar dentro del cual llueve..." e intrincadas escaleras internas que evocan los colores infinitos de la gente que las poblará.